Rodrigo Leone

Conta Certa

Dicas de economia doméstica para o seu dia a dia

Presidente:
Mauricio Sita

Capa, diagramação e projeto gráfico:
David Guimarães

Revisão:
Débora Tamayose

Gerente de Projetos:
Gleide Santos

Diretora de Operações:
Alessandra Ksenhuck

Diretora Executiva:
Julyana Rosa

Relacionamento com o cliente:
Claudia Pires

Impressão:
Rotermund

Dados Internacionais de Catalogação na Publicação (CIP)
(Câmara Brasileira do Livro, SP, Brasil)

Leone, Rodrigo
Conta certa / Rodrigo Leone. -- São Paulo : Literare Books International, 2017.

ISBN: 978-85-9455-021-7

1. Dinheiro - Administração 2. Família - Aspectos econômicos 3. Finanças - Controle 4. Finanças pessoais - Planejamento 5. Gastos 6. Investimentos 7. Orçamentos familiares I. Título.

16-00221 CDD-332.02401

Índices para catálogo sistemático:

1. Finanças familiares : Preservação : Economia financeira 332.02401

Literare Books International Ltda
Rua Antônio Augusto Covello, 472 – Vila Mariana – São Paulo, SP
CEP 01550-060
Fone/fax: (0**11) 2659-0968
site: www.literarebooks.com.br
e-mail: contato@literarebooks.com.br

Notes
Lorem ipsum dolor
sit amet, consectetur
adipiscing elit, sed do
eiusmod tempor
incididunt ut labore
2+2=4
2+2=4

SUMÁRIO

Notes
Lorem ipsum dolor
sit amet, consectetur
adipiscing elit, sed do
eiusmod tempor
incididunt ut labore
2+2=4

APRESENTAÇÃO

Ao longo dos últimos anos, vivemos uma política de distribuição de renda que elevou o poder aquisitivo dos brasileiros e permitiu que grande parte da população alcançasse dignidade e melhor qualidade de vida. Infelizmente, essa política veio "de braços dados" com a facilidade de crédito, que potencializou os desejos, mascarando os perigos de se endividar sem a devida educação financeira.

Conheço o Rodrigo Leone há alguns anos e sei que, assim como eu, ele compartilha da mesma preocupação com a conscientização financeira da população. Nós dois sabemos que o equilíbrio entre renda e despesas, que a distinção entre querer e precisar e que o comportamento para fazer sonhos se tornarem realidade só são possíveis com informação, conhecimento, planejamento e disciplina.

Trabalho com consultoria e auditoria em empresas, mas tenho certeza de que as finanças pessoais devem ser tratadas com o mesmo rigor, por meio de diagnóstico, planejamento e controle.

Parabenizo o Rodrigo por essa iniciativa. Não poderia deixar de apoiá-lo e fiz questão de escrever estas linhas. Sei que é o ponto de partida para outros livros que virão a seguir e que se aprofundarão nos diversos temas financeiros da vida das pessoas e das famílias.

Fábio Lira
Sócio da Big Consultoria
Bigconsultoria.com.br

PREFÁCIO

Trabalho com educação e consultoria financeira desde 1996, mas apenas em 2001 iniciei os estudos em finanças pessoais e comecei a atuar na área. De lá para cá, foram palestras, cursos, orientações básicas e consultorias para milhares de pessoas, centenas de *posts* e vídeos em blogs e *vlogs* e mais de 300 entrevistas e participações em programas de TV. O objetivo, acima de tudo, sempre foi disseminar a conscientização financeira à população, porque só é possível alcançar objetivos e preservar as conquistas com conhecimento, informação, disciplina, comprometimento e estratégia, tudo isso concentrado no que entendemos por educação financeira.

A partir de 2014, essa disseminação ficou mais efetiva. Foi quando tive a oportunidade de participar semanalmente de dois programas líderes de audiência na TV aberta local: o Correio Debate e o Correio Manhã, ambos exibidos pela TV Correio, afiliada da TV Record na Paraíba. A maioria dos vídeos dessas participações está disponível no Dailymotion e no site www.contacerta.tv.br.

Com temas que cobrem todos os aspectos da economia doméstica (desde endividamento até planejamento para a aposentadoria), acredito colaborar e seguir colaborando com o aprimoramento da condução das finanças familiares de grande parte dos telespectadores, e isso me enche de orgulho.

Este livro traz parte do que discuti, conversei e repeti incansavelmente nesses programas. Minha intenção foi reunir as informações, as dicas e as orientações mais importantes para você não desperdiçar dinheiro.

Sugiro que consulte esta obra sempre que precisar tomar decisões financeiras e se certificar da forma mais inteligente de utilizar seus recursos.

Rodrigo Leone

AGRADECIMENTOS

Quando decidi reunir, em um livro, as orientações apresentadas e discutidas nos programas de TV de que participo, apresentei o projeto à diretoria do Sistema Correio de Comunicação, que prontamente decidiu apoiá-lo. Assim sendo, preciso expressar minha gratidão às pessoas que acreditaram em mim e permitiram que a disseminação da educação financeira chegasse potencialmente a milhares de pessoas: Dr. Roberto Cavalcanti e Beatriz Ribeiro, respectivamente, diretor-presidente e diretora executiva do Sistema Correio, Paula Gentil, diretora comercial da TV Correio e da RCTV, e Carla Visani, editora geral da TV Correio.

Em seguida, agradeço às empresas que, mesmo nestes tempos difíceis, abraçaram o projeto e patrocinaram a edição, a publicação e a distribuição deste livro:

- Energia Zero, nas pessoas de Diogo Azevedo e Ricardo Furtado;
- Marcílio Seguros, na pessoa de Marcílio Filho;
- Grupo Elizabeth, nas pessoas de George Henriques Crispim e José Nilson Crispim Júnior;
- Digivox, nas pessoas de Ary (Icó) Vilhena Júnior, Nivaldo Montenegro Júnior e Fernanda Albuquerque;
- Meu Dinheiro Web, nas pessoas de Tiago Comércio e Jorge Luiz Binow;
- Big Consultoria, na pessoa de Fábio Lira.

Finalmente, quero agradecer aos jornalistas, aos editores e aos produtores exemplares que propuseram, desenvolveram e discutiram temas relevantes comigo: Hermes de Luna, Victor Paiva, Linda Carvalho, Heloise Desirée, Haryanne Arruda, Giovanni Meireles, Ludmila Costa, Rubens Medeiros, Patrícia Gouveia, Renata Leitão, Gilmara Dias, Rejane Negreiros, Clébio Melo, Webster Alves, Saimon Cavalcanti, Wendell Rodrigues, Jonas Batista, Jaimacy Andrade, Fabiano Gomes, Wellington Farias, Alessandra Torres, Heron Cid e Rosângela Marques.

INTRODUÇÃO

Fazer as despesas caberem na renda nunca foi tarefa fácil. Nestes tempos de consumismo, imediatismo, salários congelados, aumento de impostos e "dragão" da inflação acordado, tudo fica ainda mais difícil.

Pior é que não há uma cartilha ou uma bula para nos auxiliar, pois cada caso é um caso.

Quanto gastar com cada classe de despesa depende de sua situação e suas necessidades financeiras (quanto você ganha, se tem dívidas, se tem plano de saúde ou outros benefícios no emprego, se tem estabilidade no emprego), de suas características sociodemográficas (sua idade, se é casado, se tem filho(s), onde mora, se já está aposentado), de seus objetivos e do contexto macroeconômico geral.

Por exemplo, um casal de médicos recém-casados e sem filho tem um perfil de despesas bem diferente do de um casal de funcionários públicos com três filhos na faculdade.

A seguir, apresento uma sugestão de divisão de gastos para uma família de classe média, com dois filhos em idade escolar e marido e mulher trabalhando.

Classe de despesa	R$	%	O que contempla
Habitação	1.400,00	32,9%	aluguel/financiamento, condomínio, energia, telefone, internet, TV a cabo, diarista
Alimentação	900,00	21,2%	mercado, feira
Educação	600,00	14,1%	escola, idioma
Transporte	300,00	7,1%	gasolina, seguro, manutenção
Saúde	400,00	9,4%	plano de saúde, medicamentos
Extras	200,00	4,7%	lazer, restaurante

Observe que, na penúltima linha, o percentual em torno de 10% é disputado por poupança e financiamentos de curto prazo. Ou seja, se a família está com dívidas de consumo no cartão ou no crediário, não há espaço para poupança/investimentos. Se a família quiser investir, vai precisar primeiro cortar as despesas com dívidas de curto prazo, pois quase não há como diminuir as demais despesas.

Para realizar seus sonhos, é preciso planejar. E, para planejar, é preciso diagnosticar, definir metas e objetivos e traçar planos. Ao fazer um diagnóstico de sua situação financeira atual e de suas características e seus hábitos no que se refere ao dinheiro, você vai conhecer melhor quem é e como está em relação às finanças, sendo, dentre todas as informações relevantes que vai levantar, a mais importante e o ponto de partida para qualquer ação no contexto financeiro quanto você gasta e com o que gasta e quanto você recebe e de quem recebe. Ou seja, para onde vão e de onde vêm seus recursos e se sobra ou se falta dinheiro no fim do mês.

Para conseguir essa informação, é preciso anotar tudo: pode ser em um caderninho, em uma planilha, em um aplicativo de celular e/ou em um software em seu computador. Recomendo sempre o aplicativo Meu Dinheiro Web aos clientes: www.meudinheiroweb.com.br.

Em seguida, é preciso tratar a informação que anotou, classificando-a em tipos de despesa (por exemplo: habitação, alimentação, educação, transporte, saúde, extras, empréstimos/financiamentos, aplicações, entre outros) e depois, dentro da categoria atribuída, em essencial, importante, supérflua e desperdício. Só assim você saberá onde está desperdiçando dinheiro e poderá tomar providências para cortar pela raiz todo esse desperdício. Só assim saberá quanto vem gastando com itens supérfluos e fará um esforço para reduzi-los ao máximo. E, finalmente, só assim saberá se seus gastos com itens essenciais e importantes vêm seguindo uma média, sem muita variação.

A seguir, você vai encontrar informações, dicas e orientações para economizar nas despesas essenciais e importantes, controlar as despesas com supérfluo e evitar desperdício. Com essa conduta, vai sobrar mais para investir e vai sobrar mais para pagar suas dívidas. Vale ou não a pena?

SEIS REGRAS DE OURO DA ECONOMIA DOMÉSTICA

Não gaste mais do que ganha

Essa é a regra principal. Temos de viver conforme nossas possibilidades. Jamais estoure seu orçamento.

Não consuma por impulso

O consumismo é um dos maiores vilões das finanças pessoais. Para não cair nessa armadilha, não leve cheque nem cartão quando for passear nos shoppings.

Não contraia dívida para gastos supérfluos

Viver dentro das possibilidades significa não financiar um estilo de vida que não condiz com sua realidade. Sua renda deve obrigatoriamente cobrir as despesas essenciais e importantes (como educação, alimentação, habitação). Se sobrar, você pode escolher entre gastar com supérfluos (que lhe trazem qualidade de vida) ou poupar. Ou seja, você só pode gastar com supérfluos se sua renda permitir. Nunca se endivide para consumir o que não é essencial nem importante.

Adie despesas não essenciais

Sempre que conseguir, vale a pena adiar as despesas não essenciais, principalmente aquelas supérfluas. Isso vai lhe permitir poupar.

Cartão de crédito e limite de cheque especial não são salário

Como são créditos pré-aprovados, cartão de crédito e cheque especial são fáceis de usar. O problema é que as taxas de juros são altíssimas. Ou seja, se não consegue pagar a fatura completa do seu cartão de crédito ou se está usando há mais de um mês o limite do cheque especial, você está criando uma bola de neve que vai levá-lo à falência.

Esforce-se para poupar todo mês

Verifique se você consegue viver (pagar suas contas) com 90% de sua renda. Faça o teste por dois ou três meses. Se conseguir, separe todo mês 10% de sua renda e poupe. Aplique em certificado de depósito bancário (CDB), em fundo de renda fixa ou em títulos do Tesouro Direto, até ter uma quantia maior que lhe permita acessar produtos/investimentos mais interessantes.

Essas seis regras resumem o que há de mais importante em relação aos hábitos e aos atos financeiros do dia a dia. Ao longo deste livro, vou detalhá-las (apenas a regra relativa à poupança ficará de fora e será tratada em outra oportunidade) em dicas práticas de economia em vários aspectos das finanças pessoais/familiares. Cada uma delas está separada por ordem alfabética e palavras-chave! Espero que você goste.

A & B

ÁGUA

Primeiro, vale ressaltar que, ao consumir água com consciência e responsabilidade, o ganho é duplo: você gasta menos dinheiro, e o meio ambiente agradece. Assim sendo, apresento a seguir algumas dicas para você evitar o desperdício em razão tanto do mau uso quanto dos vazamentos.

- Não demore no banho. E não tome tantos banhos assim por dia. Se tiver chuveiro elétrico, você ainda vai economizar na conta de energia elétrica.
- Feche a torneira enquanto escova os dentes ou faz a barba e o chuveiro enquanto se ensaboa ou passa xampu e creme.
- Ao lavar a louça, feche a torneira enquanto ensaboa pratos, panelas, copos e talheres. Enxágue-os todos de uma vez. Antes disso, porém, limpe os restos de comida e deixe-os de molho em água com detergente.
- Planeje o uso da máquina de lavar roupa. Espere juntar roupa suficiente para enchê-la.
- Instale descargas do tipo dual *flush*, aquelas que têm dois botões de acionamento.

- Não lave o terraço, a calçada ou o carro com mangueira. Use vassoura, esponja, sabão e um balde de água. Se puder, reaproveite a água do ar-condicionado e da máquina de lavar roupa para essa finalidade.
- Não deixe torneiras e chuveiros pingando. Verifique a borracha da carrapeta.
- Regue as plantas logo cedo ou ao entardecer. Em horários mais quentes, elas absorvem mais água.
- Verifique vazamentos. Você pode identificá-los acompanhando o hidrômetro e o consumo na conta de água. Por exemplo, feche periodicamente o registro e verifique se o relógio continua contando.

À VISTA OU A PRAZO?

A decisão entre comprar à vista ou a prazo é realmente um ponto crítico, pois tem muitos fatores envolvidos. Vamos tentar abordar e comentar alguns deles.

Desconto à vista: peça sempre. É um direito seu pechinchar, negociar. Na pior das hipóteses, o preço vai se manter inalterado.

Mesmo que o gerente argumente que é política da loja não dar desconto à vista, não custa tentar. Muita gente acaba conseguindo, principalmente quando o valor da compra é alto ou quando está chegando o final do mês.

Prestações sem juros: até pode ser verdade, mas, na maioria dos casos, os juros já estão embutidos no preço à vista. Nesse caso, se a loja não der desconto à vista, a melhor alternativa – financeiramente falando – é dividir o valor no maior número possível de prestações.

Sei que há pessoas que não gostam de ficar devendo ou não gostam de dividir em muitas vezes, alegando que não tem disciplina e vão terminar se esquecendo de reservar parte do orçamento para essas prestações, mas isso não justifica. Se a loja não dá desconto à vista e diz dividir sem juros, pagar antes é pagar mais caro.

Quando uma loja divide uma compra sem juros e não dá desconto à vista, uma das duas alternativas está acontecendo:

1. A loja já embutiu os juros no preço à vista e o está forçando a pagar a prazo, uma vez que já sabemos que pagar antes é pior. Dessa forma, a

loja está ganhando a taxa de financiamento nas suas costas. Como ela não dá desconto à vista, dos males o menor.

2. A loja está repassando um benefício que conseguiu negociar com o fornecedor. Isso acontece muitas vezes em campanhas para aumentar as vendas e a base de clientes. Uma ação conjunta entre fornecedor e loja permite que a loja financie os clientes: ela recebe prazo do fornecedor e o repassa ao cliente. Quando a loja é maior e tem capital de giro suficiente, ela pode bancar essa ação sem a participação do fornecedor.

Custo de oportunidade: quando decide pagar em uma ou em poucas prestações uma compra que pode ser paga em mais prestações sem juros, você está perdendo dinheiro.

Você pode estar se perguntando: "Mas como assim?". Simplesmente porque aquele recurso utilizado para quitar a compra em poucas prestações poderia ficar rendendo no banco a uma taxa de juros conhecida como custo de oportunidade, e esse rendimento seria um ganho seu. Mesmo que pouco, "é de grão em grão que a galinha enche o papo".

Desconto à vista versus parcelamento sem juros: se a loja dá desconto à vista, a avaliação passa por um cálculo que leva em conta o preço com desconto, o número de prestações, o valor das prestações e o custo de oportunidade. Não é uma conta simples, e a tabela a seguir apresenta o desconto mínimo que você deve pedir em relação ao número de prestações sem juros para valer a pena comprar à vista.

Número de prestações sem juros	Desconto que você deve pedir
2	1,5%
3	2,0%
4	2,5%
5	2,9%
6	3,4%
7	3,9%
8	4,4%
9	4,8%
10	5,3%

No site da Gestor Finanças Pessoais, está disponível uma planilha gratuita chamada "Decisão de compra à vista ou a prazo" para ajudá-lo nessa avaliação.

Planejamento: por ser, em geral, imediatista e não planejar, o brasileiro tem o hábito de financiar suas compras. Mas, como para a pessoa física o custo de oportunidade é quase sempre menor que a taxa de financiamento, a operação a prazo é quase sempre prejudicial para suas finanças.

Com planejamento, você acumula recursos e pode barganhar preço para pagamento à vista. Como disse, sempre vale a pena tentar. Caso você não consiga desconto nas lojas, parcele suas compras no número máximo de prestações sem juros e use esse recurso acumulado para pagar IPTU, IPVA ou outras contas com desconto.

ALMOÇO NO TRABALHO

- Tente levar uma marmita de casa ou combine com seus colegas de trabalho de contratarem/dividirem umas "quentinhas". Pesquise nos arredores. Com certeza, você vai encontrar "quentinhas" baratas, bem servidas e saborosas.
- Ao optar por levar uma marmita de casa, você tem duas grandes vantagens: pode escolher o cardápio e vai economizar (em relação a comprar "quentinhas"). Obviamente, a economia só será efetiva se você pesquisar bem na hora de fazer as compras.
- Nos restaurantes a quilo, reduza a quantidade. Ponha menos arroz, feijão, macarrão e purê de batata, que pesam mais. Dê uma volta para ver todas as opções, defina o que vai querer sem olho grande (coloque em seu prato apenas o suficiente. Evitar desperdício é lei em finanças pessoais) e só então prepare seu prato.
- Dê uma volta pelo bairro onde trabalha para conhecer as opções de restaurante e os preços médios praticados. Pesquise também pela internet.
- Divida o prato com um colega ou peça uma porção para dois.
- Evite pedir refrigerantes, sucos e sobremesas. Um dia ou outro pode, mas não todos os dias. O gasto com esses itens totaliza quase R$ 200,00 por mês. Bebida alcoólica nem pensar!

ANIMAL DE ESTIMAÇÃO

Primeiro de tudo, o que não é obrigatório deve ser avaliado. Ou seja, todo gasto não obrigatório deve passar pelo teste do "querer ou precisar". Isso é um mantra em finanças pessoais ou em economia doméstica.

Dito isso, só tenha um animal de estimação se for essencial/importante (você realmente precisa, e não apenas quer) e se gostar. Se for supérfluo, não vale a pena, mesmo que você adore esses bichinhos; se você não gostar, também não vale a pena, mesmo que seja essencial/importante.

O que significa ser essencial/importante?

Significa que o animal de estimação tem um propósito: fazer companhia a você ou a um idoso que mora com você, criar senso de responsabilidade em seus filhos (que precisarão levá-lo para passear, dar banho, alimentar, etc.), entre outros.

O que significa gostar?

Significa que você vai cuidar do seu animal de estimação como se ele fosse um membro da família, relevando os problemas que ele traz (fazer xixi no tapete, arranhar o sofá, morder o pé da cadeira e o sapato, subir na cama, lamber o chão).

Uma vez que você concorde e decida que precisa e gosta de animais de estimação, vamos às dicas de economia:

- Não compre, adote! Dependendo do animal, da raça e de ter ou não pedigree, seu animal de estimação pode custar muito caro. Buldogues franceses chegam a custar R$ 5.000,00. Assim sendo, pense na possibilidade de adotar. Há diversos bichinhos (tão fofos quanto os dos petshops) esperando por você em abrigos e ONGs voltados para esse fim.
- Conheça bem seu animal: é importante compreender os hábitos, o comportamento e os cuidados de que ele necessita. Para tanto, converse com um veterinário a respeito.
- Prevenção: como para tudo na vida, prevenir é melhor que remediar. Mantenha as vacinas em dia, passeie, corra e faça exercícios com seu ani-

mal de estimação; dê água limpa e fresca; ofereça a melhor comida (dieta balanceada); cuide da higiene (cortar unhas, banhos na quantidade certa e escovação dos dentes). Esses costumes evitam estresse, depressão, obesidade, hipertensão e verminoses e diminuem as visitas ao veterinário e os gastos com medicamentos.

- Economia de gastos: compre em grandes quantidades os produtos adquiridos mensalmente, como ração e itens de higiene; compre usado ou faça você mesmo um brinquedinho ou a casinha do seu animal de estimação; confie nos amigos/parentes quando for viajar; aprenda a tratar doenças simples, a dar banho e a cortar as unhas e evite mimos desnecessários.
- Planejamento e controle: crie uma planilha financeira! Anote todos os gastos (mensais e extras) com veterinário, medicamentos, mimos, banho, tosa, alimentação, etc. e compare-os mês a mês para estabelecer um orçamento e saber em que itens está gastando mais do que o normal.

ATACADO OU VAREJO?

Respondendo de forma objetiva, o melhor mesmo é comprar mais barato. Claro que mantendo a qualidade e conseguindo boas condições de pagamento.

Comprando no atacado, você leva mais quantidade, mas paga um preço unitário menor. Isso é uma vantagem desde que você compre produtos não perecíveis – de que esteja realmente precisando – ou produtos perecíveis que vai consumir em curto prazo, antes de apodrecer ou de ultrapassar o prazo de validade.

Fiz questão de destacar "de que esteja realmente precisando" para chamar sua atenção para o seguinte fato: não há nenhuma economia em pagar um preço unitário menor se você estiver condicionado a levar mais produtos do que o realmente necessário. Você termina por gastar mais! Senão, veja: o que é mais econômico, pagar R$ 40,00 por quatro caixas de sabão em pó ou R$ 54,00 por seis caixas quando necessita de apenas quatro? Mesmo que possa utilizar as duas caixas excedentes mais adiante, essa diferença de R$ 14,00 pode fazer falta em seu orçamento no curto prazo. Se essa falsa economia for repetida para vários produtos, você pode até mesmo pagar caro por isso, por exemplo, entrando no limite do cheque especial.

Uma dica para aproveitar o preço menor dos atacadistas é juntar a compra de duas ou mais famílias em uma só. Combine com seus irmãos, sua mãe ou até mesmo seu vizinho. Organizem-se para ir juntos ao supermercado, comprar em maior quantidade e aproveitar os preços, sem o perigo de desperdiçar.

Já comprando no varejo, você ganha por não comprar além do necessário, mas, para ter realmente ganho financeiro, precisa ir mais vezes ao supermercado e aproveitar as ofertas/promoções diárias. Nesse caso, vale a pena fazer uma pesquisa de preços (por exemplo, por meio daquele tabloide de ofertas distribuído nos semáforos e na entrada dos supermercados) e levar uma lista do que está faltando (tanto com o produto quanto com a quantidade).

De qualquer forma, seja no varejo, seja no atacado, é recomendável pesquisar os preços e reavaliar suas necessidades. Nenhuma decisão ou avaliação é verdadeira para sempre.

BLACK FRIDAY E LIQUIDAÇÕES

- Faça as contas de quanto pode gastar. Respeite seu orçamento. Se pretende parcelar as compras, atente para os gastos dos próximos meses. Lembre-se de que, na virada do ano, há muitas despesas extras. Tome cuidado para não aproveitar a Black Friday e ganhar de brinde um dezembro e um ano seguinte no vermelho!
- Faça uma lista do que você precisa comprar, incluindo as quantidades. Pode ser aquele eletrodoméstico, aquele sofá ou aquele guarda-roupa que você vem "paquerando" há tanto tempo (e que estão realmente fazendo falta!) ou, até mesmo, uma calça, um par de sapatos ou uma camisa que vão substituir as peças de vestuário já "batidas e amareladas" que você vem usando. Saber diferenciar o precisar do querer é ponto-chave em finanças pessoais. Promoções do tipo "leve 4 e pague 3", quando você só precisa de dois, não é economia alguma.

- Se você vai aproveitar as promoções para comprar os presentes de Natal, peça aos felizardos que lhe deem opções. O melhor presente é sempre aquele que o presenteado está, de fato, precisando! Melhor ainda se você tiver opções para encaixar todos os presentes em seu orçamento.
- Com sua lista e as opções de presentes, visite lojas físicas e sites na internet para anotar os preços praticados antes da Black Friday. Isso é imprescindível, pois, muitas vezes, a promoção é um preço pela metade do dobro, ou seja, não há nenhum desconto efetivo. Sugiro que visite os sites de comparação de preços, uma vez que muitos deles têm um carimbo atestando que o preço realmente está mais baixo e o histórico dos preços médios praticados. Isso vai permitir que você não caia na pegadinha do desconto que não existe.
- No dia da promoção, visite duas ou três lojas antes de comprar o que precisa. Assim, você já terá o histórico de preços e poderá negociar mais descontos. Sempre há espaço para pechinchar. Estamos em um período de recessão, com vendas abaixo da média, e as lojas querem aproveitar dias como a Black Friday para recuperar o faturamento e, portanto, estão dispostas a melhorar as condições. Tenha ciência de que você é a peça mais importante na relação de compra e venda. A loja quer vender, e você decide se vai comprar. O dinheiro é seu. Você é quem manda!
- Nem toda liquidação é uma boa oportunidade de compra. Algumas delas escondem armadilhas do tipo "já que estou aqui, vou levar isso também". Nesses casos, o item adicional está bem mais caro que em outras lojas (mas você não sabe, porque não pesquisou e está comprando por impulso) e vai pôr a perder toda a economia que você pretendia fazer. Por isso, mantenha o foco: se está na loja para aproveitar as promoções, limite-se a elas!
- Algumas vezes, nós mesmos nos impomos as armadilhas. Nem sempre é preciso aproveitar as promoções: liquidação só faz sentido quando você precisa do produto agora ou em curto prazo e quando o valor cabe em seu orçamento. É preciso resistir. Se não precisa, não compre. O limiar en-

tre o sucesso e o insucesso nas finanças pessoais passa por não gastar com aquilo que não é necessário.

- Não se anime com o tamanho do desconto. O mais importante é o preço final do produto em promoção. É ele que deve caber no seu bolso. Dito de outra forma, um produto com desconto de 50% ou mais ainda pode ser caro para seu orçamento.
- Desconfie sempre de produtos com descontos muito altos, principalmente no caso de vestuário (que depende da estação do ano e da moda e muda a cada coleção). Se o desconto está alto é porque ninguém quis enquanto estava na moda e, provavelmente, ninguém mais vai querer depois que ela passar. É comprar para se arrepender.
- Normalmente, as lojas de roupa não trocam os itens em promoção ou dão prazo de troca bem apertado. Assim sendo, prove tudo antes de levar. Se não for possível, só leve o que tiver certeza que lhe cai bem.

C

CAFÉ DA MANHÃ

- Tomar o café da manhã em casa é sempre mais barato e/ou mais nutritivo: uma média com pão e manteiga na padaria não alimenta e vai fazê-lo compensar comendo e gastando muito mais no almoço.
- A desculpa de falta de tempo ou de não saber cozinhar não cola. Acorde um pouco mais cedo, bata uma fruta ou um achocolatado com leite no liquidificador, frite um ovo, faça um sanduíche de queijo, tome um iogurte ou coma uma fruta com granola e aveia.
- Evite comprar os ingredientes em padarias e lojas de conveniência. Opte pelos supermercados e pela feira da semana, da quinzena ou do mês.
- Nos dias em que precisar tomar café fora de casa, pesquise local e cardápio. Você vai encontrar preços e cardápios variados em um raio bem pequeno. Não é porque acontece poucas vezes que você vai

gastar além da conta. Lembre-se de que esse gasto tem de caber no seu orçamento. Quanto mais vezes você tomar café fora de casa, mais essa economia fará diferença.

- Habitue-se a comer pouca quantidade várias vezes ao dia. Leve uma fruta, um iogurte ou uma barra de cereal para os lanches das 10 e das 16 horas. Isso fará com que você coma menos no almoço e no jantar.
- Converse com um nutricionista. Peça opções de alimentos nutritivos e baratos para as várias refeições do dia.

CARTÃO DE CRÉDITO

O cartão de crédito é, com certeza, o meio de pagamento mais ameaçador, tanto pela facilidade de consumo quanto pela taxa de juros cobrada (mais de 400% ao ano, no rotativo).

Sempre que você usa seu cartão, está contraindo uma dívida. Ao longo do mês, até a data de fechamento da fatura, todo consumo pago com seu cartão de crédito vai se acumulando e comporá a fatura daquele mês. Se você pagar a fatura inteira, essa dívida terá tido custo zero. Mas, caso pague qualquer valor entre o mínimo (15% da fatura) e o total, essa dívida vai custar, em média, 14,73% ao mês (valor médio no primeiro trimestre de 2016).

Assim sendo, é imprescindível que você entenda que o cartão de crédito, como já disse, é um meio de pagamento, assim como o cartão de débito, o cheque ou o dinheiro em espécie, e, portanto, você precisa ter os recursos para honrar as compras, mesmo que só na data do vencimento da fatura. Seu cartão de crédito não é renda!

A melhor forma de não estourar seus limites de recursos e evitar o endividamento no rotativo é ter orçamento. Você precisa acompanhar e controlar seus gastos.

A tabela a seguir apresenta o que vai acontecer no caso de você insistir em pagar apenas o mínimo da fatura.

Mês	Consumo no mês	Juros de 14,73% ao mês	Valor da fatura	Pagamento (15% da fatura)	Saldo devedor
1	600,00		600,00	90,00	510,00
2	600,00	75,11	1.185,11	177,77	1.007,34
3	600,00	148,35	1.755,70	263,35	1.492,34
4	600,00	219,78	2.312,13	346,82	1.965,31
5	600,00	289,44	2.854,74	428,21	2.426,53
6	600,00	357,36	3.383,90	507,58	2.876,31
7	600,00	423,60	3.899,92	584,99	3.314,93
8	600,00	488,20	4.403,13	660,47	3.742,66
9	600,00	551,19	4.893,86	734,08	4.159,78
10	600,00	612,62	5.372,40	805,86	4.566,54
11	600,00	672,53	5.839,07	875,86	4.963,21
12	600,00	730,95	6.294,16	944,12	5.350,04
13	0,00	787,92	6.137,95		

Nesse exemplo, o consumo mensal é de R$ 600,00. No primeiro mês, você paga apenas R$ 90,00, equivalente a 15% da fatura, e fica devendo R$ 510,00. No segundo mês, esses R$ 510,00 são somados ao consumo de R$ 600,00 daquele mês e aos juros sobre esse saldo devedor (14,73% x R$ 510,00 = R$ 75,11), de forma que a fatura recebida totaliza R$ 1.185,11. Mais uma vez, você paga apenas o mínimo (R$ 177,77) e fica devendo R$ 1.007,34. No terceiro mês, esse saldo devedor é somado ao consumo (novamente de R$ 600,00) e aos juros (14,73% x R$ 1.007,34 = R$ 148,35), levando a fatura para R$ 1.755,70. Como você só pagará o mínimo (R$ 263,35), ainda ficará devendo R$ 1.492,34, e, no mês seguinte, tudo se repetirá.

Ao final de 12 meses, você terá pagado R$ 6.419,12 (que é a soma da coluna "Pagamento") e ainda estará devendo R$ 5.350,04. Acredita? E mais, mesmo que no mês seguinte (13º mês) você não consuma nada no cartão, a fatura virá no valor de R$ 6.137,95.

Assim sendo, o que fazer para se livrar do rotativo do cartão de crédito?

Primeiro, tenha em mente que a melhor maneira de sair dessa ciranda financeira é nunca entrar. Portanto, use esse crédito com responsabilidade, respeitando seu orçamento e comprando apenas o que for realmente necessário, após pesquisar preços.

Reduza os limites de crédito. Estabeleça um limite que seja coerente com sua renda. Sugiro algo em torno de 50%, ou seja, se seu salário é de R$ 2.000,00, estabeleça seu limite de crédito em R$ 1.000,00 e saiba que se trata apenas de um limite de crédito, e não de um orçamento extra.

Se você já está nessa roda-viva

1. Se tiver alguma reserva (aplicação), use-a para quitar a dívida do cartão de crédito. Se não tiver, verifique se você tem acesso a outro tipo de crédito mais barato, como crédito consignado ou empréstimo pessoal. Verifique se esse crédito é suficiente para quitar sua dívida do cartão de crédito.
2. Tente negociar essa dívida com a operadora de seu cartão de crédito e proponha uma redução nos juros e formas possíveis de quitação. Se não conseguir, a solução é simplesmente não pagar. Nesse caso, você receberá avisos de débitos atrasados e será inscrito no Serasa/SPC, mas, só assim, a operadora do cartão abrirá a possibilidade de negociação. Parece contraeficiente, mas, enquanto você estiver pagando apenas o mínimo, com o saldo devedor aumentando naquelas proporções da tabela anterior, não há espaço para negociação, porque você, até então, não está inadimplente. Uma vez inadimplente, a operadora vai correr atrás dos recursos dela, sentar para negociar, aceitar dar descontos e facilitar o pagamento. Afinal, é melhor receber menos do que não receber nada. E você que já queria negociar enquanto não estava inadimplente. Vai entender!
3. Procure o Programa Proendividados do Tribunal de Justiça (alguns estados já contam com esse serviço) para renegociar sua dívida no cartão de crédito. A ideia é reduzi-la ao máximo. Se você tiver aces-

so a outro crédito (item anterior), proponha quitá-la à vista para ver quanto de desconto você consegue. Se não for possível, o resultado da negociação vai permitir que você trace um plano de pagamento.

4. Com o valor da dívida reduzido, troque a dívida no cartão de crédito por uma dívida menos cara. Se você ainda tiver margem de consignado (lembre-se de que essa margem aumentou de 30% para 35% para ser utilizada justamente com cartão de crédito), vale a pena tomar esse tipo de empréstimo para quitar o rotativo. Se não puder ser um consignado, faça um empréstimo pessoal (obviamente, pesquise taxas competitivas). A antecipação do imposto de renda (caso você tenha imposto a restituir) e a do 13º salário podem ser ótimas opções. Apenas se lembre de que, uma vez antecipadas (restituição e/ou 13º), você não terá mais direito a eles quando esse recurso for depositado em sua conta. Na verdade, ele será automaticamente desviado para o banco que lhe concedeu o empréstimo pela antecipação.
5. Priorize suas despesas. Corte gastos. Elimine desperdícios e reduza os supérfluos. Crie orçamentos. Faça sobrar mais de sua renda. Use essa economia para honrar o pagamento da nova dívida.
6. E, como sua experiência com cartão de crédito não tem sido agradável, sugiro cancelar todos eles e passar a comprar à vista pelos próximos seis meses. Passe a pagar suas contas à vista. Não parcele nada. Se não tiver o valor à vista, poupe até tê-lo. Espere para consumir.

Quantos cartões devo ter?

Depende. Se você souber usar esse crédito, sugiro ter dois ou três, atentando para as datas de vencimento: espaçadas em 10 dias, no caso de três cartões, ou em 15 dias, no caso de dois. Isso vai lhe permitir aproveitar o crédito "gratuito".

Se você não sabe usar (você é comprador compulsivo, compra por impulso, não tem ciência do seu orçamento ou usa sem responsabilidade), melhor não ter nenhum. O cartão de crédito, nesse caso, deixa de ser um amigo e passa a ser um de seus piores inimigos.

Por que os juros continuam aumentando, mesmo com a taxa básica da economia se mantendo inalterada desde julho/2015?

As taxas de juros cobradas são uma composição de taxa de captação e *spread* bancário. Esse *spread* é a margem bruta dos bancos, com a qual eles pagam os impostos e os custos fixos e cobrem o risco de inadimplência (risco de crédito do tomador dos recursos).

Dependendo da operação de crédito, tanto a taxa de captação quanto o risco de crédito (ou risco de calote) mudam e podem tornar a taxa final mais elevada.

No caso das operações de cartão de crédito, o risco de crédito tem aumentado de forma considerável, fato ratificado pelo aumento da inadimplência. Desemprego crescente, salários sem reajuste, impostos mais altos e inflação em dois dígitos reduzem a capacidade de endividamento da população (sem reduzir o apetite pelo consumo), o que aumenta o risco, o *spread* e, consequentemente, a taxa de juros final.

Em 2015, foi publicada a MP 681/15, que amplia a margem consignável (aquela referente ao crédito consignado, mais conhecido como "descontado na folha") de 30% para 35%. Mais especificamente, empregados celetistas e aposentados e pensionistas do INSS poderão "gastar" até 35% de seus salários e/ou de suas verbas rescisórias com prestações de empréstimos, financiamentos, cartão de crédito e operações de arrendamento mercantil, sendo que, desse novo percentual, 5% são exclusivos para quitação de dívidas relativas a cartão de crédito.

Para poder "gastar" esse percentual de 35%, os empregados, os pensionistas e os aposentados precisam autorizar o desconto em folha. Porém, essa autorização é irrevogável e irretratável. Isso quer dizer que você não pode voltar atrás, nem mesmo se só estiver utilizando menos de 30%!

Quando se aumenta a margem consignável, aumenta-se o crédito (barato em relação ao cheque especial e ao rotativo do cartão de crédito, mas caríssimo em relação às taxas de juros internacionais), cria-se, principalmente para aqueles sem educação financeira, a ilusão de mais salário, mais renda e estimula-se o consumo.

Ou seja, o tiro pode sair pela culatra.

Imagina aquela pessoa que está com toda sua margem consignável atual (30%) comprometida com empréstimos e financiamentos, porém sem nenhum percentual em cartão de crédito.

O que pode acontecer?

Essa pessoa vai poder "gastar" mais 5% de seu salário endividando-se no rotativo do cartão de crédito.

Então a medida não é bem-vinda?

Para quem tem menos de 5% dos 30% de margem consignada no rotativo do cartão de crédito, a medida é péssima, pois essas pessoas são, geralmente, consumistas e não têm controle de suas finanças.

Para quem tem 5% ou mais, a medida é essencial para a gestão da dívida, uma vez que permite ao endividado trocar uma dívida mais cara (a taxa média de juros do rotativo do cartão de crédito está em torno de 360% ao ano) por outra menos cara (a taxa média de juros do crédito consignado é de cerca de 28% ao ano).

Assim sendo, vale aquela máxima em finanças pessoais: independentemente do custo do crédito, só faz sentido se endividar se a aquisição representar uma oportunidade ou for uma essencialidade.

CASAMENTO

Assim como todos os objetivos em finanças pessoais – compra de um carro, financiamento da casa própria, viagem, intercâmbio, apenas para citar alguns exemplos –, a festa de casamento deve ser planejada.

Ao planejar, o casal se dá um prazo para tratar de todos os assuntos relativos à festa com calma e sabedoria.

E prazo significa a possibilidade de pesquisar as melhores alternativas, os melhores preços, e de poupar e acumular os recursos financeiros necessários aos poucos, sem correr riscos e sem recorrer a empréstimos.

Há vários sites e blogs que trazem dicas de economia para a festa de casamento. Aponto a seguir as principais:

1. Opte por celebrar o casamento em meses diferentes de maio, novembro e dezembro. O mês de maio é o mês das noivas, e, portanto, a demanda por igrejas e casas de recepção aumenta bastante, de forma que os preços também elevam. Em novembro e dezembro, a concorrência é com as festas de final de ano.
2. Fuja da sexta-feira e do sábado. Nesses dias, os preços da igreja, da casa de recepção e do bufê são maiores pelo mesmo motivo: demanda maior que a oferta. Além disso, como os convidados têm trabalho no dia seguinte, uma festa na quarta ou na quinta tende a ter menor necessidade de comidas e bebidas.
3. Peça ao cerimonial que use as flores com eficiência, ou seja, ponha mais flores apenas onde serão tiradas as fotos e será feita a filmagem. Escolha sempre, obviamente respeitando seu gosto, flores da época.
4. Não compre nem mande fazer o vestido da noiva, assim como não deve comprar nem mandar fazer o fraque ou o semifraque do noivo. São roupas que vocês só vão usar uma vez. Por isso, é muito melhor alugar.
5. O bolo não precisa ser todo comestível. No máximo a base é feita com bolo de verdade, e o restante pode ser de mentirinha, apenas decorativo.

COMBUSTÍVEL

Especialistas afirmam que boas práticas e manutenção preventiva reduzem o consumo de combustível em mais de 30%. Isso significa uma economia anual de R$ 360,00 se você gasta R$ 100,00 por mês com combustível.

A seguir, apresento algumas dicas:

- Compre carros mais econômicos.
- Use o carro apenas para o essencial e de forma inteligente. Por exemplo, para ir ao trabalho, proponha um rodízio a seus colegas: em uma semana, você leva, na outra, seu colega leva, e assim por diante. Com quatro pessoas no carro, você só vai gastar uma semana de combustível por mês.

- Pesquise preços em postos confiáveis, para não pagar menos por um combustível "batizado" ou ser roubado com bombas de defasagem.
- Se seu carro for flex, faça a conta para saber o combustível (gasolina ou etanol) que apresenta o melhor custo-benefício: como o consumo médio de gasolina é aproximadamente 70% do consumo médio de etanol, multiplique o preço do litro de gasolina por 0,70 e compare o resultado com o preço do litro de etanol. Se o resultado da multiplicação for menor, abasteça com gasolina; se for maior, abasteça com etanol. Entretanto, tenha em mente que essa linha de corte de 70% é uma média, uma vez que há carros em que esse percentual é menor e outros em que é maior. Portanto, é importante que você acompanhe os consumos de gasolina e de etanol para conhecer a linha de corte correta de seu carro.
- Mantenha os pneus calibrados. Faça isso pelo menos a cada 15 dias, respeitando a pressão adequada, indicada no manual do proprietário (às vezes, essa informação está em um adesivo colado na porta do motorista).
- Faça o alinhamento da direção periodicamente.
- Manutenção é primordial: verifique o nível de água no radiador (motor superaquecido consome mais), verifique óleo e filtro de óleo (óleo sujo deixa o motor mais "pesado", o que aumenta o atrito interno e o consumo de combustível), troque o filtro de ar periodicamente, de acordo com o indicado pelas montadoras (filtro sujo faz o motor funcionar de forma irregular, o que também aumenta o consumo de combustível).
- Evite acelerar demais e use a marcha certa para cada velocidade (essa informação está no manual do proprietário).
- Use o ar-condicionado com mais responsabilidade: desligue-o sempre que o tempo estiver agradável ou alguns minutos antes de chegar ao destino final.
- Não há mais necessidade de esquentar o carro pela manhã. Basta esperar 30 segundos para que o óleo seja distribuído por todo o motor e sair dirigindo.
- A prática da famosa "banguela" não reduz o consumo de combustível e é perigosa. Em carros com injeção eletrônica (a grande maioria hoje), a emissão de combustível é cortada quando você tira o pé do acelerador.

COMPRAS ON-LINE

Vantagens de comprar on-line

1. Comodidade: fazer compras a qualquer hora sem sair de casa, sem enfrentar filas e ainda economizar tempo e dinheiro com transporte (gasolina, estacionamento, táxi).
2. Variedade: ter à disposição uma gama maior de produtos para escolher e comparar.
3. Privacidade: suas compras ficam restritas a você.
4. Preços baixos: o mercado on-line é muito maior que o mercado físico, e isso aumenta a concorrência. Sites de pesquisa e comparação de preços e produtos, como Buscapé, OLX, etc., ajudam a encontrar/fazer o melhor negócio. Além disso, os custos nesse mercado são menores, pois não há gastos com salários nem encargos de vendedores, aluguéis e estrutura da loja, o que possibilita aos vendedores cobrar menos.
5. Cupons de desconto: essa é uma prática comum para se destacar em meio à concorrência mais acirrada no mercado on-line. E quem ganha é você, o consumidor.
6. Opinião de outros usuários: nos mesmos sites de pesquisa de preço, você pode fazer comparações e ler a experiência de outros usuários sobre o produto que quer comprar.
7. Várias formas de pagamento: boleto, cartão de crédito, cartão de débito, PagSeguro, PayPal e parcelamento em até 12 vezes.
8. Envio da mercadoria para onde quiser: ao fazer uma compra on-line, você pode inserir o endereço que quiser. Isso é ideal para presentear quem mora em outra cidade.

Desvantagens e cuidados com a compra on-line

1. Impossibilidade de tocar/experimentar o produto: uma sugestão é conhecer o produto nas lojas físicas e depois pesquisar preço na internet.
2. Custos de envio: leve esse e demais custos em considerações. Atente para o frete e impostos no caso de compras internacionais.

3. Prazo de entrega: tem gente que gosta de comprar e levar. Nas compras on-line, você normalmente precisa esperar uma semana para receber o produto.
4. Sites suspeitos: os preços on-line são normalmente mais baixos, mas duvide de sites que oferecem o produto a um preço muito inferior. Sugestões: compre apenas em sites de empresas bem avaliadas e leia sempre a opinião sobre a empresa dos outros compradores.
5. Site congelar/travar: às vezes acontece de você estar no meio da compra, com seu "carrinho" cheio, e o site travar.
6. Insegurança: muita gente tem seus cartões de crédito clonados. Sugestões: só faça compra em sites com certificado de segurança e tenha sempre um antivírus atualizado.
7. Descontrole: compras on-line são um prato cheio para os consumistas. A comodidade, a variedade, a privacidade e as facilidades de pagamento são ingredientes terríveis para aquelas pessoas que não sabem controlar seus gastos.

COMPRAS POR IMPULSO E CONSUMISMO

Comprar por impulso não é problema. Quase todos nós já compramos por impulso. Eu mesmo já comprei e não me arrependo.

O problema é quando a compra por impulso é frequente. Se acessa uma loja virtual, compra o que não estava precisando. Se vai ao mercado, compra além do necessário. Se vai ao shopping, compra o que não estava planejado, só porque o produto estava em promoção e/ou porque o vendedor ofereceu boas condições de pagamento.

Atenção! Promoção e boas condições de pagamento só são interessantes quando a compra é realmente necessária. É aquela história: para que pagar três e levar quatro, se você só precisa de um?

Comprar por impulso constantemente pode levar ao endividamento fora do controle e, daí, à insolvência (que é a situação em que você não tem "grana" para pagar suas dívidas e termina com o nome "sujo" e, até mesmo, em falência).

Se você é daqueles que compram por impulso, não vá ao shopping, ou, pelo menos, evite-o ao máximo. Não vá ao mercado. Não acesse lojas virtuais para ver ofertas. Se for ao shopping, leve apenas o dinheiro para um lanche. Não leve cheque nem cartões de débito ou de crédito. Vá ao mercado apenas com a lista de compras e respeite-a.

Só vá ao shopping com seus cartões ou acesse as lojas virtuais quando souber exatamente o que você quer (e precisa) comprar. Vá direto ao objetivo, sem se distrair com outras vitrines e/ou páginas de ofertas.

Não abra e-mails de propaganda e/ou promoções. Delete-os antes de ler. Isso também vale para malas diretas.

Compre somente o que você realmente estiver precisando, tanto à vista como parcelado. Antes de comprar, pergunte-se: "Eu consigo viver sem isso?". Aposto que a resposta será positiva na maioria das vezes. Se a resposta for "não", pergunte-se: "Tenho de comprar hoje ou posso esperar?". Se puder esperar um ou dois dias, uma ou duas semanas, um ou dois meses, espere. Respeite a máxima em finanças pessoais, que é: "Deixe para amanhã o que você não precisa comprar hoje".

Descubra seus vícios (aqueles itens que lhe são irresistíveis, aqueles a que você invariavelmente se rende e compra sem necessidade) e evite encontrá-los.

Separe uma parte de seu salário assim que recebê-lo e coloque-a em uma poupança, defina uma meta para essa aplicação e esqueça. Faça de conta que só dispõe do restante para viver por todo o mês. Como o dinheiro estará curto, você será mais consciente e definirá com mais responsabilidade e preocupação o destino dos seus recursos.

Faça a conta de quanto você vem gastando com compras por impulso em razão de seu consumismo. Você vai morrer de vergonha! Em seguida, procure saber o que poderia ter feito ou fazer se tivesse guardado todo esse dinheiro. Essa dor de cotovelo pode ser o ponto de partida para sua mudança de hábitos financeiros.

D ATÉ G

DÉBITOS INDEVIDOS

Débitos indevidos são transferências e pagamentos com débito em conta normalmente para:

- Contratação de seguros e/ou aplicações financeiras sem a solicitação nem autorização do cliente.
- Débito de tarifas bancárias desconhecidas e não contratadas.

Eu mesmo já sofri com isso mais de uma vez. Por sorte, acompanho semanalmente o extrato de minhas contas, de modo que percebi, reclamei e tive os débitos estornados.

O que fazer, então?

Seja por erro, seja por má fé, esses débitos são inaceitáveis. É preciso acompanhar seus extratos pelo menos uma vez por mês. Faça a reconciliação, marcando as entradas e as saídas de caixa que você reconhece e circulando aquelas que não reconhece ou que estão em valor diferente do devido. Vá ao banco e converse com seu gerente. Caso ele não resolva, contate a ouvidoria do banco, comunique o ocorrido ao Banco Central e vá ao Procon.

Mas lembre-se: você só vai notar o erro se acompanhar suas contas. Portanto, se ainda não está fazendo isso, é melhor começar, pois esses débitos indevidos acontecem muito mais vezes do que você pensa.

DÉCIMO TERCEIRO

No final de novembro, chega ao fim o prazo obrigatório para que as empresas paguem a primeira parcela do 13º salário aos trabalhadores. O abono natalino é previsto na Consolidação das Leis do Trabalho (CLT), e não honrá-lo implica pesadas multas aos empregadores.

Mas você já sabe o que fazer com seu 13º? O que os outros estão pensando em fazer?

A Associação Nacional dos Executivos de Finanças (Anefac) divulgou uma pesquisa sobre a utilização do 13º. Chama atenção o percentual de pessoas que pretendem utilizá-lo para pagar suas dívidas (62%), percentual que vem se mantendo – com ligeiro aumento – nos últimos anos.

Isso é bom?

Isso é bom e ruim ao mesmo tempo.

O lado bom é que isso mostra – apesar de não ser possível inferir esse resultado para todos os brasileiros (já que não se tratou de uma amostra representativa da população brasileira) – que a maioria dos respondentes prioriza o pagamento das dívidas. Essa é uma atitude louvável, pois o mais primário dos objetivos financeiros é a recuperação do padrão de vida, que só acontece quando já temos o pagamento de nossas dívidas, pelo menos, planejado.

O lado ruim é que grande parte dos respondentes ainda não aprendeu a controlar suas finanças, ou seja, gasta além da conta e endivida-se ao longo do ano, precisando recorrer ao 13º salário para tentar começar o ano seguinte no zero a zero (sem dívidas). Em outras palavras, mais um ano sem conseguir gastar o 13º sem culpa, sem acumular poupança e sem incrementar seus investimentos.

Digo isso porque o 13º salário foi instituído como uma gratificação natalina (no governo do presidente João Goulart) e, portanto, tem a finalidade de dar satisfação (consumindo, poupando ou investindo), e não estancar os aborrecimentos (pagando dívidas e/ou recuperando o crédito).

E o que eu devo fazer?

Depende.

Depende se você tem dívidas, se já tem uma reserva para as despesas do início do ano, se já gastou com supérfluos este ano (viajou com sua família, deu presentes, foi a restaurantes, etc.).

A seguir, apresentamos um rápido esquema que vai ajudá-lo a decidir sobre o que fazer com seu 13º. Vale lembrar que cada caso é um caso, e, para ter certeza da indicação correta, é preciso conhecer o seu.

1. Você vem acumulando dívidas no seu cartão de crédito (pagando menos que a fatura mensal)? Se sim, quite essa dívida; se não, passe para o próximo item.
2. Você está usando o limite de seu cheque especial? Se sim, cubra o saldo negativo; se não, passe para o próximo item.
3. Você tem dívidas de crediários, empréstimos ou financiamentos com taxas superiores a 1,5% ao mês? Se sim, amortize o saldo devedor; se não, passe para o próximo item.
4. Você não tem reserva financeira para as despesas do início do ano (IPTU, material escolar, etc.)? Se não tem, estime esse montante e guarde o suficiente para tanto; se tem, passe para o próximo item.
5. Você não gastou ao longo do ano com supérfluos? Se não gastou, programe uma viagem com a família, compre presentes, vá a um restaurante, mas limite seu gasto ao valor do 13º; se gastou, passe para o próximo item.
6. Se você não se enquadra em nenhum dos itens anteriores, poupe ou invista seu 13º salário.

DESEMPREGADO

O primeiro objetivo quando se é demitido é buscar recolocação. Assim sendo:

- Atualize seu currículo. Se não sabe fazer um bom currículo, veja modelos na internet ou peça ajuda a colegas que trabalham com recursos humanos. Uma vez pronto, distribua-o nas empresas de seu interesse, cadastre-o em sites que oferecem vagas, como o da Catho, ou entregue-o a empresas especializadas em recolocação.

- Retome sua rede de relacionamento. Na verdade, deve-se sempre manter essa rede. Converse com seus contatos sobre oportunidade de emprego.
- Participe de eventos em sua área. Você precisa aparecer. As empresas precisam saber que você está disponível.
- Se foi uma demissão amistosa, peça carta de referência.
- Enquanto espera uma oportunidade, atualize-se, capacite-se ainda mais. Procure cursos no Senai, no Senac e no Sebrae, por exemplo. Faça uma especialização. Caso a oportunidade demore a aparecer, passe a considerar a possibilidade de um emprego temporário ou de um emprego em tempo parcial.

E em relação às finanças nesse período desempregado?

Ao ser demitido, dê logo entrada no seguro-desemprego. Se a demissão tiver sido sem justa causa, você ainda poderá sacar seu FGTS, que, a depender do tempo de serviço, pode ser um valor relativamente considerável.

Você e sua família precisarão se adequar a essa situação, isto é, será preciso eliminar os desperdícios. Se você tem dívidas com empréstimos pessoais, cheque especial e/ou cartão de crédito rotativo, quite-as quanto antes ou quite as mais caras. Você vai precisar cortar gastos supérfluos, como viajar, comprar roupas novas, ir ao cinema e almoçar/jantar fora. Também pode ser necessário cortar gastos com empregada doméstica, academia de ginástica e curso de idioma, por exemplo. A verdade é que esse período é de sacrifícios. Mais do que nunca, seu estilo de vida deverá se moldar à nova renda familiar.

É possível se preparar para esse tipo de situação?

Sim. Ao ser contratado, negocie tanto as condições de trabalho quanto as de desligamento. Busque estar sempre atualizado profissionalmente e com a rede de contatos ativa. Crie uma reserva financeira igual a pelo menos seis vezes o montante de suas despesas essenciais/importantes mensais.

DIA DAS CRIANÇAS

Um estudo realizado pelo Serviço de Proteção ao Crédito (SPC Brasil) e pela Confederação Nacional de Dirigentes Lojistas (CNDL), nas 27 capitais, com mães de filhos com idade entre 2 e 18 anos revelou que:

- 64,4% das entrevistadas não resistem aos apelos dos filhos quando eles pedem algum produto considerado desnecessário;
- 46,4% admitem não adotar regras para presentear seus filhos;
- 38,6% admitem que sempre acabam desembolsando mais que o planejado quando saem para comprar acompanhadas dos filhos;
- 50,8% das últimas cinco compras de brinquedos, jogos, roupas e calçados realizadas por elas para seus filhos foi feita por impulso;
- 36,7% já ficaram em algum momento endividadas em decorrência das compras que fizeram para os filhos.

Para ajudar a combater essas dificuldades, seguem algumas dicas:

- **Não deixe para a última hora.** Além de ter menos opções, os preços estarão mais caros.
- **Pesquise preços e condições de pagamento.** Se puder, faça essa pesquisa sem levar seus cartões (crédito e débito).
- **Leve dinheiro para comprar à vista.** Você pode conseguir algum desconto. Veja nossas planilhas.
- **Vá ao shopping ou à loja de brinquedos já sabendo o que vai comprar.** Isso é importante para não se deixar levar pelas ofertas e para ter certeza de que o presente será de um valor que respeita seu orçamento. E principalmente porque você não precisará levar seu filho junto.
- **Não se deixe levar pela emoção.** Negar um presente a seu filho é doloroso, mas o respeito a suas possibilidades financeiras é mais importante. Portanto, sabendo de seus limites, negocie com seu filho: um presente mais caro pode ser transferido para o Natal ou mesmo pode valer para as duas datas (Dia das Crianças e Natal).
- **Se você estiver endividado,** com orçamento "estourado", nada de presente. No máximo uma lembrancinha e passeios gratuitos.

DÍVIDAS

Ao longo dos últimos anos, temos recebido, infelizmente, o contato de várias pessoas em situação financeira desesperadora. Segundo elas mesmas, a situação é do tipo "estou no fundo do poço", "estamos com a corda no pescoço", "não sei mais o que fazer", "as dívidas são uma bola de neve", "não estou no vermelho, estou no preto".

Essas pessoas chegaram a esse ponto por motivos externos e internos. Os motivos externos são a política de crédito ao consumo e a propaganda massiva de apelo ao consumo de bens e serviços supérfluos. Os motivos internos são o materialismo, o consumismo e o desejo de "ter" em curto prazo.

Se você é uma dessas pessoas, apresento uma orientação (breve e generalista) para ajudá-lo a sair dessa encrenca:

1. Faça um levantamento de todas as suas dívidas (empréstimos, financiamentos, cartão de crédito, cheque especial) indicando saldo devedor, valor da prestação, taxa e prazo restante e indique quem é o credor de cada dívida.
2. Se tiver alguma aplicação (poupança, por exemplo), resgate e amortize a dívida mais cara (ou aquela mais difícil de negociar).
3. Se tiver algum ativo que possa ser devolvido, vendido ou penhorado, faça isso e use o dinheiro para quitar/diminuir dívidas.
4. Verifique se consegue empréstimos com seus familiares e amigos, mesmo que pagando juros (mais baixos que os do mercado, claro). Quite as dívidas mais caras com esses empréstimos.
5. Tente negociar suas dívidas com seus credores. Veja o que eles propõem e proponha um plano dentro de suas possibilidades.
6. Tente fazer a portabilidade de crédito para outros bancos.
7. Tente antecipar o 13º salário e a restituição do Imposto de Renda para amortizar as dívidas mais caras.
8. Verifique taxas de empréstimos consignados e refinanciamentos (caso tenha bens) para trocar os empréstimos pessoais, quitar o saldo devedor do cartão de crédito e o cheque especial.
9. Faça uma lista de tudo o que gasta durante o mês. Indique o que é essencial, o que é importante, o que é supérfluo e o que é desperdício.

Priorize o que é essencial e importante. Verifique se é possível reduzir o que é importante. Elimine supérfluos e desperdícios.

10. Verifique se é possível aumentar a renda, fazendo algum serviço extra.
11. Toda sobra de caixa durante o mês deverá ser destinada ao pagamento das dívidas.
12. Uma vez iniciado o plano de pagamento das dívidas, é preciso continuar com os bons hábitos financeiros e a boa gestão de seus fluxos de caixa. Se não for assim, você terá feito todo esse esforço em vão.

DÓLAR

O dólar influencia, direta ou indiretamente, por intermédio da cadeia de suprimentos, todos os produtos e serviços que dependem de insumos/componentes/preços internacionais. Para não perder margem, o produtor, o sistêmico ou o prestador de serviço precisa repassar esse aumento nos custos a seus clientes (que podem ser o cliente final ou, por exemplo, um distribuidor dentro da cadeia de suprimentos). Esse distribuidor, por sua vez, precisa repassar esse aumento a loja/clínica/mercado, que o repassa ao cliente final. É um aumento em cascata. Isso sem contar o repasse causado por outros aumentos, como combustível e energia elétrica.

No caso do pão francês, por exemplo, de 25% a 30% de seus custos se devem à farinha de trigo. Como, por uma contingência atual ou tentativa de mudança de posicionamento dos produtos de trigo na Argentina, principal exportador desse insumo para o Brasil, não foi possível/atrativo importar trigo da Argentina, os produtores de farinha de trigo precisaram recorrer ao trigo americano e canadense, que são cotados em dólar no mercado internacional. Dólar aumentando, trigo mais caro, farinha de trigo mais cara, pãozinho mais caro.

Vale a pena investir em dólar?

Depende. Primeiro depende do horizonte de tempo desse investimento: só faz sentido se for em médio ou longo prazo. Assim como o mercado de ações, o mercado de câmbio é de risco, com muita volatilidade, e só se ajusta em médio prazo, pelo menos. Se for para aproveitar a volatilidade de curto prazo, tanto faz comprar ações ou dólares. Aliás, há muitas ações na Bovespa com valorização superior à do dólar nesse mesmo período. Basta acompanhar, arriscar e ter sorte de entrar e sair no momento certo (o que é quase impossível).

Quando digo comprar dólares, não significa comprá-los na casa de câmbio. Investir em dólar só faz sentido por meio de fundos cambiais, em que a cotação de compra tem a mesma base da cotação de venda.

O que isso quer dizer?

Quer dizer que, comprando dólares na casa de câmbio para investir, você vai pagar o preço de venda (da casa de câmbio). No entanto, quando for vendê-los na casa de câmbio, vai fazer a transação pelo preço de compra (da casa de câmbio), que é bem menor que o de venda.

Você já percebeu que para comprar é bem mais caro que para vender, não é?

Então, para que comprar dólares seja um bom investimento, é preciso recuperar essa diferença entre os preços de venda e de compra. Ou seja, você já sai no prejuízo.

E quando vale a pena comprar dólares?

Só vale a pena comprar dólares em dois casos:

1. Se você, como pessoa física ou pessoa jurídica, depender de dólares em suas operações, por exemplo, se você for exportador ou importador e tiver parte de seu fluxo de caixa na moeda norte-americana.
2. Se você está com viagem para o exterior marcada para os próximos quatro ou seis meses. Nesse caso, a compra de dólares serve para eliminar a possibilidade de sua viagem ficar bem mais cara no caso de a cotação subir bem mais. Claro que você também elimina a possibilidade de a viagem ficar mais barata, no caso de a cotação cair. Para finalizar, não vejo diferença entre comprar tudo de uma vez ou ir comprando aos poucos para obter um preço médio. A decisão é uma aposta baseada naquilo que você prevê para a cotação em curto prazo (algo impossível de acertar!).

EMPREGADO DOMÉSTICO

- Avalie a real necessidade de ter um ou mais empregados domésticos, como cozinheira, lavadeira/passadeira, arrumadeira, governanta, motorista, caseiro, etc. Perceba que o gasto não se resume apenas ao salário e aos encargos. Além de salário, 13º, férias, INSS e FGTS, você tem gastos a mais com alimentação, água, energia elétrica e produtos de higiene e limpeza, relativos aos empregados e diretamente proporcional ao número deles.
- Se tem filhos com mais de 10 anos e/ou mora em um imóvel de até três quartos, vale mais a pena ter uma diarista duas vezes por semana e contratar marmita. Você economiza com os gastos diretos e indiretos do empregado doméstico, não gasta com gás e reduz os gastos no mercado (já que não vão cozinhar). E a louça seus próprios filhos lavam.
- Se ter um ou mais empregados domésticos for inevitável, estabeleça por escrito os termos desde a contratação, deixando claro como você gosta que as coisas estejam e/ou funcionem, pois, com o tempo, é comum que eles relaxem e deixem de cumprir o que foi acertado. Atente ainda para as novas regras (PEC das Domésticas), que prevê, por exemplo, o uso livro de ponto e o descanso semanal, e não deixe de cumpri-las.

ENERGIA ELÉTRICA

- Apague as luzes dos ambientes desocupados.
- Se puder, troque as lâmpadas comuns por LEDs.
- Use melhor a luz do sol, abrindo as cortinas e as persianas durante o dia.
- Tente não utilizar os aparelhos elétricos no horário de pico (das 18 às 21 horas).
- Tire os aparelhos da tomada quando não estiverem em uso.
- Não durma com a televisão ligada. Use o *timer*.
- Não deixe a porta da geladeira aberta sem necessidade ou por muito tempo. Abra-a o mínimo possível.
- Tome banhos menos demorados. Feche a torneira ao se ensaboar e ao passar xampu e creme. Isso ainda ajuda a economizar água.

- Troque chuveiros elétricos por chuveiros a gás ou, se não for possível, mantenha coloque o chuveiro elétrico no modo "verão" quando o tempo não estiver tão frio. Se a resistência queimar, troque-a e não faça remendos.
- Use a máquina de lavar e o ferro elétrico com inteligência: junte muitas roupas para lavar, secar e passar de uma só vez. No caso do ferro elétrico, deixe as roupas que precisam de menos calor por último, assim você poderá até mesmo desligá-lo nas últimas peças.
- Faça sempre manutenção preventiva de todos os eletrodomésticos: limpe os buracos do chuveiro para aumentar a vazão de água, descongele a geladeira e verifique se a borracha da porta precisa ser trocada.
- Opte por eletrodomésticos que consomem menos energia. O selo Procel indica os modelos mais eficientes.
- Para saber mais sobre os benefícios da energia solar, visite o site Energia Zero: energiazero.eco.br.

FEIRA LIVRE

Os produtos na feira livre são, em sua maioria, perecíveis e mais caros que no supermercado. Assim sendo, se, em razão da qualidade superior, você prefere comprar frutas, legumes e verduras na feira, vai precisar comprá-las em pequenas quantidades, para não correr o risco de estragarem (e você desperdiçar dinheiro), mas é preciso definir orçamentos semanais e mensais para essas compras, pois quanto mais se vai à feira, mais se gasta.

A seguir, listo outras dicas de economia:

- - Faça uma lista do que precisa ser comprado e das respectivas quantidades. Lembre-se de respeitar o orçamento definido.
- - Escolha ir à feira no final da tarde, na conhecida hora da xepa. Você ainda vai encontrar produtos de qualidade com preços mais em conta.
- Não tenha pressa. Pesquise e barganhe preço. Tente levar dinheiro trocado: a negociação será mais fácil se você já tiver o valor certo em mãos.
- Opte por bancas que vendam por peso. Na venda por unidade, os tamanhos podem ser bem diferentes.

- Prefira os produtos a granel, pois você mesmo escolhe aqueles em melhores condições e evita "surpresas" na parte de baixo das caixinhas já preparadas.
- Prefira produtos da estação e tente substituir aqueles mais caros (ou que sofreram reajuste exagerado em razão da safra) por outros similares mais baratos.
- Se tiver opção de comprar apenas um pedaço do produto, melhor. Dificilmente sua família vai comer, por exemplo, uma abóbora inteira em uma semana. Leve metade, um quarto ou menos.
- Procure receitas criativas que utilizam as partes da fruta ou da verdura que você normalmente jogaria fora. Cascas e sementes podem ser aproveitadas na maioria das vezes.

FÉRIAS DOS FILHOS

Se você está no grupo daqueles que não planejaram os gastos nas férias dos filhos, ou seja, não pensaram no que fariam, para onde iriam nem quanto gastariam e começaram a poupar com pelo menos seis meses de antecedência, o jeito agora é remediar.

A sorte é que remediar, nesse caso, pode ser tão bom quanto ou ainda melhor. Veja algumas dicas.

- Você não precisa ter itinerário para todos os dias das férias. Férias também são para descansar.
- Pesquise passeios gratuitos em sua cidade: praia, parques, museus, igrejas, etc. Um passeio pelo centro histórico com toda a família é bem enriquecedor. Tome cuidado com os gastos com alimentação durante esses programas. Se for à praia, considere levar de casa salgadinhos, refrigerantes ou até mesmo umas marmitas (aquela famosa "farofa") para diminuir os gastos por lá.
- Ensine brincadeiras e jogos de antigamente (de sua infância) para seus filhos. Além da economia e da interação, você vai tirá-los de frente da TV e dos jogos eletrônicos.
- Combine um rodízio com os pais dos amiguinhos de seus filhos. Assim, apenas um dos pais fica responsável pela programação do dia.
- Se vai viajar, veja as dicas em VIAGEM.

FINAL DO ANO

Organize, planeje e controle suas despesas. Isso vale para todos os meses do ano, incluindo o mês de dezembro. Seja por meio de aplicativos ou de planilhas, seja na ponta do lápis, o sucesso de suas finanças pessoais começa com a gestão do seu caixa mensal.

Presentes e festas de final de ano devem caber no seu bolso. Apesar do incremento na renda proporcionado pelo 13º salário, respeite seu orçamento, pois os gastos nessa época são maiores, e você ainda deve guardar uma reserva para as despesas do início do ano.

Se vai participar de confraternizações e amigos secretos, estabeleça um valor médio para os presentes. Assim, todos saem satisfeitos com o que receberam, e o bolso agradece. Outra sugestão é fazer um "amigo da onça", que é mais divertido e mais barato. Se possível, não participe de todas as confraternizações. Eleja aquelas a que não pode faltar.

Prefira as festas de réveillon gratuitas, normalmente promovidas pelas prefeituras. Há shows e você se diverte da mesma forma, sem precisar pagar ingresso (que são caríssimos) para casas/clubes privados.

Você não precisa presentear todos os familiares, amigos e colegas de trabalho. Dê lembrancinhas para os mais próximos. Explique – não precisa ter vergonha – que não está em condições de dar lembrancinhas a todos. Eles vão entender e achar bom, pois também se livrarão desse gasto.

Para aqueles que vai presentear, pergunte o que eles gostariam de ganhar ou do que estão precisando. Com isso, você economiza – pois ninguém vai pedir algo muito caro – e ainda compra algo realmente útil.

Não abuse do cartão de crédito nem do cheque especial. Isso significa que você não deve entrar no rotativo do cartão nem no limite do cheque especial para comprar presentes ou preparar as festas de final de ano. Lembre-se de que limite de cheque especial não é salário.

Se fizer compras parceladas, seja no cartão de crédito, seja no crediário, lembre-se de descontar as parcelas futuras de seus próximos salários.

Use o 13º de forma inteligente.

Comece a planejar os gastos de fim de ano do próximo ano desde já. Assim, você poderá aproveitar muito mais quando dezembro chegar.

GÁS DE COZINHA

- Verifique se não há vazamento no botijão, passando uma esponja com espuma em volta do encaixe da mangueira.
- Verifique a cor da chama. Ela deve ser azul. Chama amarela é sinal de fogão desregulado.
- Só abra o forno quando for realmente necessário. Tente colocar mais de uma tigela/bandeja por vez. Ou, então, coloque-as em sequência para aproveitar o calor. Lembre-se de que o maior problema é o gasto de gás até o forno aquecer.
- Tampe as panelas e prefira as de pressão. Corte os alimentos em pedaços menores para que cozinhem mais rápido.
- Use a panela do tamanho certo para o que está cozinhando.
- Não use panelas pequenas em bocas grandes.

UNIVERSO FOTOVOLTAICO

O futuro da nossa família depende das atitudes que tomamos hoje

A Energia Solar está aos poucos entrando na casa dos brasileiros, e fazendo parte do seu cotidiano. Cada vez mais pessoas aderem ao solar como fonte de energia limpa e sustentável.

Você economiza, valoriza o seu imóvel e contribui com o meio ambiente.

VALORIZAÇÃO DO IMÓVEL

MUITA ECONOMIA

INSTALAÇÃO SIMPLES

ENERGIA SUSTENTÁVEL

FERRAMENTA DE MARKETING

Projeto Residencial / Recife-PE

Projeto Residencial / Recife-PE

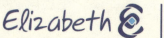

I ATÉ P

IMÓVEL: COMPRAR, ALUGAR OU INVESTIR?

Toda compra deve ser planejada. Principalmente se o volume de recursos for alto e se o prazo de pagamento for longo. Por isso, não tenha pressa. Quem tem pressa é o vendedor, não o comprador.

Antes de comprar ou alugar um imóvel, faça-se as seguintes perguntas:

1. Do que eu preciso?

Isso significa definir as características do imóvel: tipo (casa ou apartamento? Na planta, novo ou usado?), tamanho (quantos quartos? Quantas vagas de garagem?), localização (perto da praia, perto da escola, perto do trabalho, perto do comércio?).

2. De quanto disponho?

Isso significa levantar a quantidade e as fontes de recursos a seu dispor. Quanto você já tem poupado para esse fim? Quanto você consegue tomar de financiamento, a que taxa e por que prazo?

Cabe aqui esclarecer como o valor do financiamento é estabelecido: o banco faz uma conta a partir de sua renda e de quanto dela já está comprometida com outros empréstimos e financiamentos, para conhecer sua capacidade de pagamento mensal.

O que o banco vai lhe oferecer é o teto máximo da prestação. A partir desse teto, você precisa fazer suas contas, considerando suas despesas mensais (a que o banco não tem acesso), para verificar sua disponibilidade para a prestação mensal. Projete e avalie essa disponibilidade para os próximos anos.

Observe quanto esse cuidado é importante: como o financiamento é de longo prazo, há muito tempo para que mudanças nas condições financeiras transformem seu sonho da casa própria em um pesadelo.

Com essas informações, procure uma imobiliária ou um corretor de imóveis de sua confiança e explique suas necessidades (resposta da primeira pergunta) e suas limitações (resposta da segunda pergunta).

Encontrado o imóvel (ou mais de um) que o satisfaça, é preciso verificar toda a documentação do imóvel e do proprietário. Verifique certidões e faça uma vistoria técnica (para verificar as instalações elétricas e hidráulicas, as rachaduras, etc. e para ter certeza de que recebeu o que foi comprado, no caso de imóveis adquiridos na planta).

Vale a pena comprar um imóvel agora ou é melhor esperar?

Se você puder esperar, espere. Em algumas localidades, a desaceleração pode aumentar; em outras, os preços podem até cair.

Se não puder esperar para comprar, faça uma pesquisa de preços. Visite salões e feiras de imóveis. Barganhe. Em tempos de oferta maior que a demanda, o lado forte da negociação é o comprador.

Procure informações sobre o ITBI na cidade onde pretende comprar o imóvel. Faça uma relação entre oferta e arrecadação de ITBI e entre as variações nessas variáveis. Isso vai lhe ajudar a interpretar o aquecimento ou o desaquecimento do mercado imobiliário na localidade escolhida.

Se vai comprar agora para morar daqui a alguns anos, compre na planta, mas verifique se o imóvel escolhido continuará tendo o tamanho e as características adequadas para você e sua família lá na frente. Lembre-se de que famílias crescem, e necessidades e gostos mudam.

Se vai comprar para investir a fim de ganhar na valorização, a única alternativa é comprar na planta e vender antes ou perto da entrega.

Se vai comprar para investir e ter renda de aluguel, tanto faz um usado, um novo ou um na planta, apenas (além do que já foi dito sobre barganhar) esteja atento à situação dos outros imóveis nas redondezas. Verifique preços de aluguel e se há muitos imóveis parados sem inquilinos (o que chamamos de vacância). Faça a conta para saber como está o percentual de aluguel em relação ao preço do imóvel.

Finalmente...

Se a intenção é investir, tanto para valorização como para renda, não tenha pressa. Pesquise. O investimento só valerá a pena se a valorização esperada for pelo menos igual à taxa Selic e, se for manter o imóvel, a renda de aluguel for de, no mínimo, 0,5% do valor do imóvel. Para qualquer coisa pior que isso, há outras opções mais interessantes (em rentabilidade, risco e liquidez) no mercado financeiro, com características de gerar crescimento do patrimônio e proporcionar renda mensal.

LANCHE ESCOLAR

Se já não bastassem os gastos com matrícula, material escolar, uniforme, livros e mochila – e todos eles com valores bem mais altos por causa da inflação –, o início do período letivo traz consigo mais um gasto: o do lanche na hora do recreio/intervalo.

Nesse tema, a dúvida principal é se é melhor dar dinheiro aos filhos para que comprem o lanche na cantina ou se é melhor levarem lanche de casa.

Sem dúvida, levar o lanche de casa é a melhor alternativa, tanto pela economia quanto pela qualidade:

- Você pode criar um cardápio semanal e comprar em maior quantidade (não se esquecendo de atentar ao prazo de validade), aproveitando promoções do tipo "leve 4 e pague 3" ou preços mais competitivos em mercados de atacado.

- Compre frutas (da estação, principalmente) para fazer sucos em casa em vez de comprar os industrializados. É mais barato e mais saudável. Você também pode substituir biscoitos recheados ou bolos com cobertura por biscoitos sem recheio ou barras de cereal.
- Montando o cardápio, você tem certeza de que seus filhos estarão fazendo uma refeição nutritiva e balanceada.

Caso não seja possível preparar o lanche em casa e você tenha de dar dinheiro a seus filhos para que comprem o lanche na escola, observe os seguintes pontos:

- Verifique o que é servido na cantina. Converse com ele sobre o que pode e o que não pode ser comprado para o lanche. Se a cantina disponibilizar aqueles lanches vitaminados, melhor.
- Anote quanto está gastando com o lanche: R$ 4,00 por dia, ao final de 20 dias, totalizam R$ 80,00.
- Não dê mais dinheiro que o necessário. Primeiro para que eles não comam além da conta e segundo para fazê-los valorizar o dinheiro.
- Não confunda a semanada ou a mesada de seu filho com o dinheiro do lanche. Elas são uma ferramenta de educação financeira e não foram feitas para serem gastas com isso.

MATERIAL ESCOLAR

O início do ano traz, entre outras despesas, os gastos com material escolar. São aquelas famosas listas que as escolas entregam aos pais (e são obrigadas a entregar, mesmo que exista uma papelaria dentro da escola), discriminando os itens que serão utilizados pelas crianças ao longo do ano letivo.

Para ajudá-lo a economizar, preparei uma breve lista de dicas:

- Ao receber a lista da escola, verifique se não tem em casa produtos comprados no ano anterior e que ainda podem servir.
- Pesquise preços e marcas em vários estabelecimentos antes de comprar. Há produtos com diferença de preço de mais de 250%. Você não precisa comprar a marca indicada pela escola.
- Se for pagar à vista, negocie, peça desconto.

- Não leve seus filhos. É sempre muito difícil resistir à tentação de comprar esse ou aquele material que traz estampado seu herói ou sua princesa favorita. Se tiver de levá-los, combine antecipadamente que só vai comprar dois ou três produtos escolhidos por eles.
- Nunca compre no mercado informal.
- Fique atento ao que foi solicitado na lista. A escola não pode solicitar itens de uso coletivo (em geral itens de higiene e limpeza). Se houver algum item desse tipo, peça explicações à escola e só compre se a escola lhe mostrar que o item será utilizado por seu filho dentro de um plano pedagógico (esse plano pedagógico deve ser afixado em local visível dentro da área da escola). Se não ficar satisfeito com a explicação, procure o Procon de sua cidade.
- Jogos e livros podem ser solicitados, mas devem ser devolvidos ao final do ano, mesmo que rasgado ou com peças faltando.
- Remédios não são permitidos. Quando seu filho precisar ser medicado ao longo do ano letivo, você envia o remédio na mochila dele com um aviso sobre a posologia.

MERCADO

Ir ao supermercado e conseguir economizar e/ou gastar apenas o necessário é uma tarefa árdua, mas você não pode deixar de tentar.

Para economizar, as dicas são:

- Visite dois ou três supermercados antes de fazer as compras. Pesquise preços, pois eles variam muito de um lugar para outro. Leia o tabloide de promoções distribuído pelos supermercados, lembrando que eles se limitam a ofertas daquele local e que não necessariamente os preços serão os mais baixos da cidade. Leve esses tabloides para barganhar preços nos outros estabelecimentos.
- Teste produtos de diferentes marcas. Nem sempre a mais cara é a melhor e nem sempre a mais barata é de baixa qualidade ou rende menos.

- Substitua produtos mais caros por outros mais em conta. Isso significa readequar seu estilo de vida à nova relação salário × preços.
- Opte por frutas da estação, evitando produtos que sofreram alta excessiva. Às vezes, é uma questão de safra, e, em pouco tempo, o preço volta ao normal.
- Faça compras semanalmente para aproveitar preços mais baixos e não precisar comprar itens com preços mais elevados (que poderão diminuir na semana seguinte).
- Não faça compras para 15 dias ou mais. O consumo em casa tende a ser maior e com menos critério quando a despensa está muito cheia.
- Aproveite as promoções apenas quando o item for não perecível e se for consumi-lo em curto espaço de tempo (quatro a seis meses no máximo). Mas observe o prazo de validade desses itens em promoção. Preços muito baixos são indícios de que o prazo de validade está próximo.
- Se você sabe que um produto em algum dia da semana costuma estar nas "promoções do dia", deixe para comprá-lo apenas nesse dia.
- Tenha os cartões de fidelidade dos supermercados. Além de pagar menos, você ainda acumula pontos.

Para gastar apenas o necessário, as dicas são:

- Faça um orçamento de quanto pode gastar a cada ida ao supermercado, seja semanal, seja mensalmente. Se o valor ultrapassar o orçamento, devolva os itens menos urgentes.
- Faça uma lista com os itens que estão em falta em sua despensa e a quantidade de cada um. Obedeça o planejado. Não compre nada além do que anotou. Nada de "achismos". Se não está na lista, você não deve achar que precisa. Há vários modelos de lista de compras na internet. Escolha aquele que tem mais a ver com sua necessidade.
- Não fique passeando pelos corredores do supermercado, olhando esse ou aquele item. Vá direto às seções dos produtos que estão na lista.
- Não leve crianças (filhos, netos, sobrinhos) com você. Quase sempre eles querem levar itens supérfluos, e quase nunca resistimos à tentação de agradá-los. Para levar crianças ao mercado, é preci-

so pulso firme. Nesse caso, é até indicado, pois desde cedo elas já aprendem a importância do respeito ao orçamento e à lista de compras, além de ajudar nas tarefas domésticas.

- Não vá ao supermercado com fome (antes do almoço ou do jantar). O psicológico vai induzi-lo a comprar mais que o necessário e/ou adquirir itens fora da lista.

NATAL

Em relação aos presentes:

- Faça uma lista das pessoas que realmente precisam ser presenteadas. Combine com as outras de não dar nem receber presente (assim ambos economizam). Converse com aqueles que constam da lista sobre o que precisam e o que gostariam de ganhar. Peça opções. Abra o jogo com eles avisando que a grana está curta. Eles vão aproveitar a oportunidade para dizer a mesma coisa.
- Se possível, deixe para presentear após o Natal, quando muitos produtos estarão com desconto.
- Amigo secreto (com valor limite preestabelecido) é uma ótima alternativa para gastar menos com presentes e fazer com que todos sejam lembrados.
- Veja outras dicas em PRESENTES.

Em relação à ceia:

- Organize uma ceia de Natal colaborativa com o máximo de pessoas na sua casa ou na de algum familiar ou amigo. Dimensionem a variedade e a quantidade de cada prato ou bebida e definam o que cada um deve levar – um prato, uma sobremesa ou uma bebida.
- Substitua os produtos típicos (castanhas, frutas secas, tender, peru) por similares mais em conta, assim como os importados por nacionais.
- Aproveite os enfeites dos anos anteriores para a decoração da casa e da árvore de Natal. Quando perceber que essa estratégia está esgotada e sua decoração precisa ser renovada, espere passar as festividades e compre em janeiro (nas liquidações) os enfeites para o Natal seguinte.

NOME SUJO

Do endividamento para a inadimplência e da inadimplência para ficar com o crédito restrito (mais conhecido como "nome sujo na praça") é um pulo.

Caso você esteja endividado, mas ainda não esteja nessa situação, é urgente que mude seus hábitos financeiros, que passe a gerenciar melhor sua renda e seus gastos, que priorize esses gastos, elimine o desperdício e reduza os supérfluos.

Caso você já esteja com o nome sujo, o passo a passo é:

1. Faça um levantamento de todas as suas dívidas: saldo devedor, quantidade de prestações restantes, taxa de juros, valor das prestações, tipo de crédito, credor.
2. Faça um levantamento dos seus ativos: o que pode ser devolvido, o que pode ser vendido, o que pode ser resgatado.
3. Entenda perfeitamente suas possibilidades: quanto você consegue gerar de superávit mensal (apesar das despesas com prestações), cortando gastos ou incrementando a renda.
4. Procure os credores, exponha sua situação e mostre que está comprometido com o pagamento de suas dívidas, mas que precisa de fôlego – algo como uma carência, um aumento de prazo e/ou uma redução na taxa de juros.
5. Monte um plano realista de pagamento das dívidas e apresente a seus credores.

Atenção!

Não caia na pegadinha de pagar intermediários para negociar por você ou no conto de que é possível se livrar das dívidas sem pagá-las.

PECHINCHAR

Estamos ficando craques em pechinchar. É o que revela uma pesquisa do Data Popular, consultoria especializada em comportamento do consumidor. Segundo a pesquisa, 78% dos brasileiros declaram pechinchar mais atualmente.

Esse aumento do número de "pechinchadores" faz todo sentido neste momento: primeiro porque o aperto nas contas exige buscar pagar menos por tudo que se compra ou consome, ou seja, é preciso economizar e se adequar à renda cada vez mais limitada; e segundo porque o mercado está desaquecido, e as lojas precisam vender, o que as leva a aceitar diminuir suas margens, reduzindo preços ou dando descontos.

Manual do "pechinchador": primeira medida

A primeira medida é fazer o dever de casa. Isso significa:

- Pesquisar preço: para negociar/pechinchar, é preciso conhecer os preços dos concorrentes.
- Conhecer o produto/serviço: para que você possa exigir ou descartar funções e/ou acessórios. De repente, um deles pode não ser interessante e fazer diferença no preço.
- Ter certeza de que o produto/serviço é realmente necessário: não faz sentido pagar menos por algo desnecessário. Isso não é economia.
- Saber quanto você pode pagar pelo produto/serviço, respeitando seu orçamento.

Sua atitude é chave para o sucesso

Assim como em qualquer negociação, as formas como você se posiciona e age é crucial:

- Fale menos, ouça mais.
- Demonstre interesse pelo produto/serviço apenas para que o vendedor tenha motivação para continuar negociando. Não demonstre muito interesse ou entusiasmo, pois isso vai deixar o vendedor em posição privilegiada.
- Exponha suas propostas de preço com firmeza e objetividade, baseadas sempre no seu conhecimento dos preços dos concorrentes e das suas possibilidades de pagamento.

Outras dicas

- Planeje suas compras para não deixar para a última hora.
- Evite datas comemorativas e produtos em lançamento: nesses casos, a procura/demanda é maior que a oferta, e você conhece bem aquela famosa lei.
- Não tenha vergonha. Cabe pechincha até para o menor preço pesquisado. Lembre-se de que o "não" você já tem.

PORTABILIDADE DE CRÉDITO

Portabilidade de crédito é a possibilidade de transferência de operações de crédito (empréstimos e financiamentos) e de arrendamento mercantil (*leasing*) de uma instituição financeira para outra.

Como é o procedimento?

1. O cliente interessado deve procurar a instituição onde tem a operação de crédito ou o arrendamento mercantil contratado e solicitar as seguintes informações: número do contrato, saldo devedor atualizado, demonstrativo da evolução do saldo devedor, modalidade, taxa de juros anual (nominal e efetiva), prazo total e prazo remanescente, sistema de amortização, valor de cada prestação, especificando o valor do principal e dos encargos, e data do último vencimento da operação.

A instituição financeira tem até um dia útil para fornecer essas informações. Caso ela se recuse ou atrase, o cliente deve procurar a Ouvidoria da instituição financeira ou do Banco Central.

2. Com as informações em mãos, o cliente deve procurar uma instituição financeira diferente daquela onde tem a operação de crédito ou o arrendamento mercantil e negociar uma nova taxa de juros para o saldo devedor. É importante frisar que nenhuma outra instituição financeira é obrigada a contratar essa nova operação.
3. Uma vez acertadas as condições da nova operação, o cliente vai até a instituição onde tem a operação contratada e faz seu pedido de por-

tabilidade. Essa instituição é obrigada a acatar o pedido, mas tem até cinco dias para apresentar uma contraproposta (ou seja, uma taxa de juros melhor do que a negociada com a nova instituição financeira).

4. Caso opte pela portabilidade, o cliente avisa à nova instituição financeira, e esta se responsabiliza pela quitação da dívida com a instituição financeira original, arcando com todos os custos necessários para a transferência da dívida.

Que cuidados você deve ter?

Ao negociar a portabilidade de crédito com outra instituição financeira, solicite o valor do Custo Efetivo Total (CET) da nova operação e compare com o CET da operação já contratada. É preciso levar em conta todas as condições do novo contrato, por exemplo, se haverá tarifa de cadastro, para ter certeza de que a portabilidade é realmente vantajosa.

Não aceite pagar nada além da tarifa de cadastro na nova instituição financeira (nada de tarifa de TED, tarifa de liquidação antecipada – para contratos firmados após 10/12/2007 –, nem mesmo o IOF, que não existe para essa operação) e denuncie qualquer exigência de venda casada: a portabilidade não deve estar condicionada à contratação de qualquer serviço ou produto financeiro na nova instituição financeira.

Fique atento também à venda casada às avessas: a instituição financeira onde você tem a operação de crédito ou arrendamento mercantil não pode lhe impor sanções, como a retirada de benefícios ou produtos como cheque especial e cartão de crédito, por causa de sua opção pela portabilidade.

PRESENTE

- Estabeleça um orçamento para os presentes. Não se endivide para comprar presentes caros.
- Comece a pesquisar preços com antecedência. Visite sites de comparação de preço na internet. Acompanhar os preços é importante para não cair naquela de comprar pela metade do dobro do preço nas datas festivas.

- Mantenha o foco quando for ao shopping comprar os presentes. Leve apenas o planejado. Não vá com muita gente (principalmente crianças) para não dispersar.
- No Dia das Mães e no Dia dos Pais, combine com seus irmãos de fazer uma vaquinha para comprar um único presente um pouco melhor (e muitas vezes mais caro). Mas lembre-se de que sua mãe e seu pai preferem uma lembrancinha e/ou sua presença a vê-lo em situação financeira complicada.
- No Dia dos Namorados, escolha apenas um gasto entre presentear, sair para jantar e sair para dançar.

R ATÉ V

REMÉDIOS

- Procure saber se o remédio que vai utilizar é distribuído com subsídio do governo. Procure pelo anúncio "Aqui tem farmácia popular". Você vai encontrar vários daqueles remédios mais consumidos (como analgésicos e anti-inflamatórios) com descontos bem atrativos (bastando apresentar a receita médica, o CPF e o RG).
- Se você faz uso contínuo de remédios (normalmente caros), verifique no SUS e nas farmácias credenciadas pela Farmácia Popular.
- Pesquise e compare os preços em pelo menos três farmácias antes de comprar. Como qualquer estabelecimento, as farmácias também podem cobrir os preços da concorrência. Já existem sites específicos para pesquisar o preço de medicamentos na internet: consultaremedios.com.br, www.cliquefarma.com.br e www.consultamedicamentos.com.br são alguns deles. Contudo, cuidado com ofertas muito baratas na internet. O muito barato quase sempre sai caro.

- Pesquise também em farmácias de manipulação. A economia pode ser bem representativa quando o remédio é muito caro.
- Aproveite promoções com consciência: só compre mais que o necessário para uso imediato, se tiver certeza de vai usar tudo antes da data de vencimento.
- Considere sempre a substituição do remédio de referência pelo genérico ou pelo similar. Porém, mesmo sabendo que a composição e os efeitos colaterais dos genéricos são os mesmos que os de marca, peça a opinião de seu médico. Abra o jogo com ele e pergunte sempre sobre alternativas mais baratas. Não tenha vergonha de perguntar sobre amostras grátis.
- Cadastre-se nos programas de fidelização das redes de farmácia. Você terá acesso a descontos e outras vantagens.
- Cadastre-se também nos programas de fidelização dos laboratórios. Você conseguirá descontos de cerca de 40% diretamente deles. O cadastro é simples e rápido.
- Verifique se seu plano de saúde oferece desconto em alguns medicamentos e/ou produtos de higiene em parceria com farmácias conveniadas.

SAÚDE

A Pesquisa de Orçamento Familiar de 2009 informa que os gastos com saúde consomem 7,2% do orçamento das famílias brasileiras. Desse valor, a maior parte é gasta com remédios (48,6%) e com plano de saúde (29,8%). Por exemplo, uma família de classe média, cuja renda mensal é de R$ 5.000,00, gasta, em média, R$ 360,00 com saúde, dos quais R$ 175,00 com remédios.

Vale ressaltar que os gastos com remédios dependem da faixa de renda: as famílias de menor rendimento gastam 74,2% de seus orçamentos com remédios, ao passo que aquelas de maior rendimento gastam apenas 33,6%.

Isso também vale para a idade. Após os 60 anos, apesar de as despesas gerais caírem cerca de 10%, os gastos com saúde aumentam mais de 30%. Isso faz com que a participação dos gastos com saúde passe de menos de 6%, pouco antes dos 60 anos, para mais de 8,5% nessa faixa etária.

E dá para planejar?

Em finanças pessoais, a palavra de ordem é planejar. Entretanto, os gastos com saúde são muito variáveis, independentemente da idade, o que dificulta esse planejamento. A pessoa pode ter a saúde perfeita ou ter uma doença crônica, que exige consultas e a compra de remédios com mais frequência; os remédios podem ou não estar disponíveis no SUS e podem ou não contar com benefício (desconto) oferecido pelo laboratório, entre outros.

Assim sendo, o planejamento, nesse caso, deve ser de prevenção. É importante ter um plano de saúde ou um seguro saúde que cubra consultas, exames, tratamentos e internações; ter uma reserva financeira para gastos não cobertos pelo plano/seguro; fazer exames médicos periódicos e, principalmente, ter um estilo de vida saudável, isto é, fazer exercícios, não fumar, ter uma alimentação balanceada, dormir de sete a oito horas por dia e evitar o estresse. Essas são iniciativas que reduzem os problemas futuros e, consequentemente, os gastos com saúde. Sua saúde financeira depende de sua saúde física e mental!

SEGUROS

Se você ou algum dependente seu sofrer um acidente ou tiver uma doença grave, você tem reserva para arcar com todos os gastos? Você sabe quanto será necessário? E por quanto tempo?

Se você morrer, seus dependentes terão condições de se manter? Por tempo suficiente até que possam se manter por conta própria?

Se ficar desempregado, você tem uma reserva emergencial para as despesas essenciais? Por tempo suficiente que lhe dê tranquilidade para procurar outro emprego sem desespero?

Se seu carro for roubado, você tem poupança suficiente para comprar outro, sem comprometer suas finanças de curto prazo?

Se respondeu não a pelo menos uma dessas questões, você precisa de seguro.

É importante entender que, antes de pensar em investir para aumentar seu patrimônio, você deve se preocupar com o que pode corroê-lo ou destruí-lo. Assim sendo, planeje o pagamento de suas dívidas, planeje sua aposentadoria, poupe para contingências e contrate seguros.

Ao poupar para contingências, você estará no caminho para poder responder sim às questões anteriores, sem precisar de seguros. Porém, por dois motivos, contratar seguros é essencial:

1. Mensurar qual valor é suficiente para as emergências não é tarefa fácil. Eu diria que é impossível. Não sabemos do que vamos precisar, nem por quanto tempo.
2. Até acumular a estimativa de valor suficiente, você estará descoberto, desprotegido. As contingências da vida não esperam por ninguém. Não sabemos quando vamos precisar dessa reserva.

Preservar o padrão de vida diz respeito a gerenciar riscos e parte da percepção de que estamos expostos a uma série de riscos ao longo de nossa vida. As técnicas de gerenciamento de risco tratam de (1) evitar riscos, (2) prevenir e controlar a perda, (3) conservar riqueza e (4) transferir riscos. Os seguros são o dispositivo mais importante da transferência de risco.

Assim, por mais que pague esperando não precisar dele nunca, o seguro é algo de que você, talvez, não precise (usar), mas, com certeza, precisa (ter).

Para saber mais sobre seguros, visite o site da Marcílio Seguros: www.marcilioseguros.com.br.

SHOPPING

Ir ao shopping e não comprar por impulso é cada vez mais difícil. Promoções, propaganda e pagamento facilitado no cartão de crédito são grandes vilões, mas você também pode ser um dos culpados se não tiver o comportamento correto ou não tomar os devidos cuidados. Veja algumas dicas:

- Praça de alimentação, cinema, boliche e game *station* são os únicos lugares de descontração e diversão em um shopping. Ficar passeando, ver vitrines, experimentar roupas, sapatos e bolsas e testar celulares, *tablets*, *laptops* e videogames só são diversão e passatempo se você tiver autocontrole. Se não tiver, melhor não arriscar. Principalmente se estiver com seu cartão de crédito na carteira.

- Se precisar comprar algo, faça uma pesquisa de preços e condições de pagamento sem levar seus cartões (de crédito ou de débito). Após encontrar a melhor opção, espere dois ou três dias antes de voltar ao shopping. Você pode chegar à conclusão de que o artigo é dispensável e desistir da compra antes de gastar sem necessidade (é aquela questão do querer versus precisar).
- Se decidir que o artigo é indispensável, volte ao shopping, vá direto até a loja selecionada e compre apenas o artigo em questão pelo preço e na condição já pesquisados (você ainda pode tentar barganhar oferecendo pagamento em dinheiro). Em nenhuma hipótese caia na conversa do vendedor para levar algo mais para aproveitar um desconto.
- Vendedores querem vender e vão sempre dizer que você ficou ótimo ou que a roupa foi feita para você. Assim, antes de decidir pelo "sim, vou levar", mostre a um amigo ou a um familiar para ter uma opinião sincera e isenta. E, claro, só leve se estiver realmente precisando.
- Opte por roupas fora da estação. Elas são mais baratas e/ou podem estar em liquidação. Peças mais básicas podem e devem ser compradas em lojas de departamento.
- Lembre-se de que promoções só são economia se o artigo (em promoção) for indispensável.
- Guarde os recibos/notas fiscais e não arranque a etiqueta de roupas/bolsas/sapatos até usá-los. Isso facilita a troca caso se arrependa da escolha.

SITE DE COMPARAÇÃO DE PREÇOS

O que um site de comparação de preços tem a ver com finanças pessoais? Resposta: tudo.

Para controlar as finanças pessoais, é preciso classificar suas despesas mensais em despesas fixas, variáveis e extras, estas últimas o grande vilão desse controle.

Após essa classificação, é preciso listá-las em ordem de importância (da mais importante para a menos importante) para definir aquelas que podem permanecer no seu planejamento/orçamento. Isso se chama priorização das despesas.

Descartadas as despesas menos importantes, é preciso fazer uma pesquisa de preço e até mesmo "pechinchar". É justamente nessa pesquisa de preços que entram os sites de comparação de preços.

Melhor do que "bater perna" em busca da melhor condição de pagamento (preço, taxa de financiamento e prazo) é pesquisar da comodidade de sua casa pela internet. Ainda mais quando sabemos que as condições oferecidas nas lojas da internet são normalmente melhores que as condições nas lojas físicas.

TARIFAS BANCÁRIAS

Um pacote de serviços bancários que dê direito a um talão de cheques, pelo menos dez saques, extrato mensal e transferência via DOC ou TED custa cerca de R$ 45,00 por mês, ou R$ 540,00 por ano.

Aplicando esse valor todo mês em um produto de renda fixa, você teria, ao final de 10 anos, mais de R$ 9.000,00 e, ao final de 20 anos, quase R$ 33.000,00. Claro que não estou contabilizando o efeito da inflação, mas, mesmo assim, é uma boa grana deixada (muitas vezes) de graça para o banco.

Dá para acreditar?

Se não dá para acreditar, tem de dar para avaliar a real necessidade desse gasto.

Vamos às orientações:

Primeiro de tudo: avalie a necessidade de ter mais de uma conta-corrente. Na maioria dos casos, basta uma.

Em seguida, há duas situações:

Situação 1: você não gosta de usar o Internet Banking ou precisa emitir cheques, ir ao banco (agência física) pagar suas contas em espécie, fazer depósitos e transferências no caixa, conversar com o gerente, entre outros.

- Faça um levantamento dos serviços que vem utilizando em seu banco, pesquise as tarifas em outros bancos e negocie.
- Verifique se os serviços essenciais se adéqua a sua realidade. Para essa conta, o pacote é gratuito (os bancos são obrigados a oferecer).

Situação 2: você não precisa ir ao banco.

- Use (mais) o Internet Banking. As tarifas por movimentações sem a presença de um funcionário do banco são mais baratas.
- Pague suas contas por débito automático.
- Verifique se uma conta digital atende a suas necessidades. Essa conta tem uma série de serviços gratuitos.
- Observe, finalmente, que, evitando ir ao banco, você economiza tempo e corre menos riscos.

TELEFONE CELULAR

A primeira decisão é sobre contratar um plano pré-pago ou um plano pós-pago. Sugiro que comece com um pré-pago, pois ele é naturalmente uma forma de controle do gasto, já que você fica impedido de ligar quando os créditos acabam, mas fique atento ao número de recargas que fará durante o mês. Isso porque a tarifa nesses planos é bem mais cara e os bônus acabam com poucos minutos de uso. Se você estiver recarregando mais que duas vezes por mês (ou gastando mais que R$ 50,00), vale a pena avaliar um plano pós-pago.

Se você tem um plano pós-pago, é importante fazer um levantamento do seu perfil de uso: você faz mais ligações, passa muitas mensagens de SMS, usa internet, fica navegando em redes sociais ou se comunica mais por WhatsApp e áudio? Com essa informação, você está pronto para buscar a operadora que oferece o plano mais adequado a seu perfil, tanto de uso quanto de orçamento.

Independentemente do tipo de plano, sempre que for gravar um número na agenda de seu celular, vale a pena perguntar de que operadora ele é, pois ligações entre a mesma operadora são mais baratas ou até gratuitas. Por esse raciocínio, é interessante que você use a mesma operadora que as pessoas com quem você mais se comunica, como, por exemplo, seus familiares.

Use aplicativos como WhatsApp e Skype para troca de mensagens, para conversar por áudio e para chamadas gratuitas (ou de tarifas mais baratas). Tudo isso pode ser feito de seu telefone celular, bastando que tenha boa conexão com a internet.

Finalmente, oriente os membros da família, principalmente seus filhos, sobre o uso consciente do celular. Além de gastar menos, isso ajudará no convívio social (presencial) deles.

Para saber mais sobre otimização dos gastos com telefonia e comunicação, visite o site da Digivox: www.digivox.com.br.

VIAGEM

- Planeje sua viagem com bastante antecedência. Pense em tudo (veja a lista a seguir) para não ter surpresas desagradáveis. É imprescindível que a viagem caiba em seu bolso e não gere dor de cabeça nos meses seguintes.
- Defina o destino (prefira aqueles mais baratos), a data e a duração da viagem, combinando sua disponibilidade de tempo (longe do trabalho) com os preços das passagens (adiar ou antecipar uns dias pode fazer grande diferença). Evite pacotes turísticos. Monte você mesmo sua viagem. Consulte sites de comparação de preço, como o Decolar e o Expedia. Se puder viajar fora da temporada (alta estação), melhor em todos os sentidos (passagens e hospedagens mais baratas e menos tumulto em todos os lugares). Se tiver milhas de programas de fidelidade, use-as.
- Conheça sites de alerta, como o Voopter, o Skyscanner e o Melhores Destinos. No Voopter, você cadastra o destino, as datas da viagem e o orçamento máximo, e o site lhe avisa por e-mail assim que achar uma passagem que atenda a suas exigências. No Skyscanner, você informa

o destino e as datas e será avisado por e-mail sempre que os preços das passagens forem alterados (para mais ou para menos). Já o Melhores Destinos vai mantê-lo informado sobre todas as promoções.

- Pesquise os bairros na(s) cidade(s) em que se hospedará. Saiba onde estão os pontos turísticos, onde é mais tranquilo, onde tem vida noturna agitada, onde estão os melhores restaurantes, onde há parques com boa frequência, onde se encontram os melhores shoppings ou *outlets*, onde há facilidade de transporte público e escolha uma hospedagem próxima de seus interesses, sem se esquecer do custo-benefício. Consulte sites, como Booking, Decolar e Trip Advisor, para conhecer *resorts*, hotéis, pousadas e albergues, mas também considere alugar um imóvel por temporada. Veja as opções no Airbnb.
- Se puder ficar na casa de amigos, melhor ainda!
- Opte por hospedagens com café da manhã incluso sem taxa extra e aproveite para "encher o tanque". Com isso, bastará um lanche por volta das 14 horas para aguentar até a hora do jantar, que não precisa ser sempre em restaurantes. Em alguns dias, um *fastfood* será suficiente. Se alugar um imóvel por temporada, faça compras em um supermercado para o café da manhã e para lanches durantes os passeios.
- Faça um roteiro do que quer e precisa visitar/fazer. Você poderá ir a todos os lugares em menos dias ou ir a mais lugares durante o período total de sua viagem. Nos dois casos, você terá sido mais eficiente.
- Procure um balcão de informações (já no aeroporto, na rodoviária ou na estação de trem) para pegar mapas (da cidade, do metrô e dos ônibus urbanos), dicas de eventos e passeios e, muitas vezes, cupons de desconto em lojas e restaurantes. Aproveite para se informar sobre a existência de passes para o transporte público.
- Se há passeios a lugares mais afastados das cidades ou se você vai precisar se locomover demais dentro da cidade (e não há metrô ou transporte público satisfatório), vale a pena alugar um carro. Principalmente se você está com sua família (cônjuge e filhos).

- Pesquise preços em agências de turismo locais, atentando para o histórico da empresa.
- Defina quanto vai gastar por dia, considerando os passeios e s alimentação. Só pense em presentes e lembrancinhas se estiver com folga de grana.
- Some todos os gastos previstos (passagens, hospedagens, aluguel de carro, alimentação, passeios, etc.) e verifique se esse montante está dentro de suas possibilidades. Se não estiver, revise seus planos: posso gastar menos com alimentação? Que passeios são menos interessantes? Há outro hotel mais em conta? Vamos reduzir a duração da viagem? Vamos mudar o destino? Repita esse procedimento até que o orçamento da viagem se enquadre em seu orçamento doméstico.
- Se vai para o exterior, compre a moeda estrangeira aos poucos. Leve dinheiro em espécie para pagar 50% dos gastos previstos (excluídos passagens, hospedagens e aluguel de carro). O restante deve ser pago no cartão de crédito. Faça um seguro saúde para todos os membros da família que estarão viajando, mesmo que não seja exigido pelo país de destino. E não gaste mais dinheiro com telefone: use as formas gratuitas de comunicação.
- Anote todos os seus gastos e compare com o que foi planejado. Analise as maiores diferenças. Veja onde poderia ter economizado. Com o tempo, você vai errar menos e fará viagens mais racionais.
- Não se sinta obrigado a trazer lembrancinhas e/ou presentes para seus familiares e amigos que não viajaram.